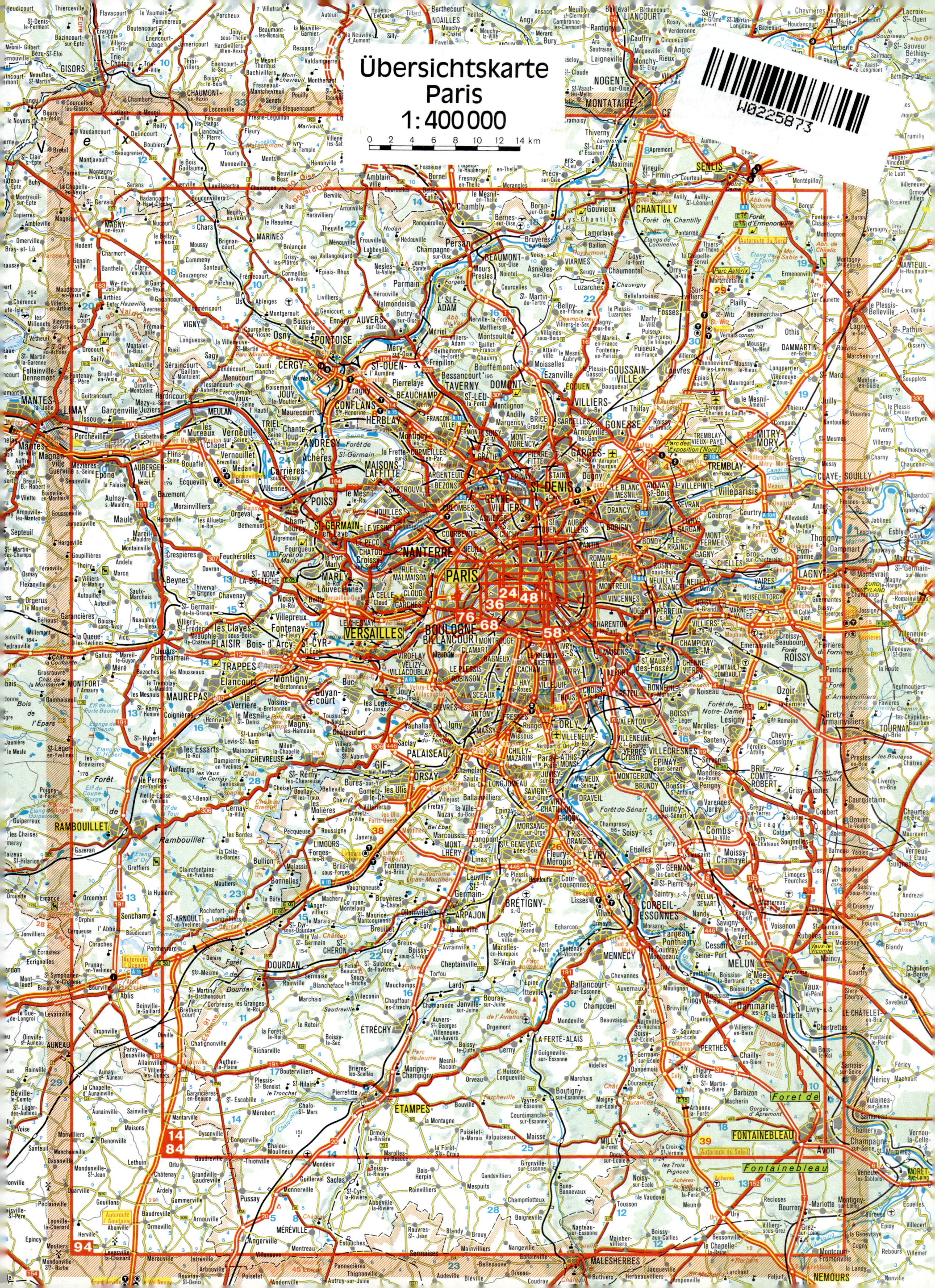
Übersichtskarte
Paris
1: 400 000
0 2 4 6 8 10 12 14 km

Inhaltsverzeichnis

Paris ist ein Fest fürs Leben‹, schrieb Hemingway, und Chopin schickte dem voraus: ›Paris ist alles, was Du willst. Da kannst Du Dich amüsieren, Du kannst Dich langweilen, kannst lachen, weinen, alles tun, was Dir Freude macht.‹ Was damals stimmte, gilt unverändert auch heute. Die Seine-Metropole hat immer noch für jeden etwas parat: Kunstfreunde schwärmen von umfassenden Ausstellungen und einmaligen Museen; Modebewußte finden alles, was das Herz begehrt, Feinschmecker brauchen Tage, um die Köstlichkeiten der Pariser ›Gastronomietempel‹ durchzukosten; nirgendwo gibt es so viele Flohmärkte, Antiquitätengeschäfte und Ramschläden wie zu Füßen der Sacré-Cœur. Viel ist in den letzten Jahren über die modernen Bauten geschrieben worden, die an der Seine neue Akzente setzen. Inzwischen gehören Bastille-Oper, Louvre-Pyramide und Défense-Triumphbogen zum Stadtbild, und die postmodernen Trabantenstädte sind fester Teil der Peripherie.

Das mondän-glitzernde Paris der Großväter mit Cancan und Pigalle ist wohl unwiederbringlich tot. Aber die Afro-Rhythmen rund um die Bastille bringen die Enkel in Schwingungen. Dennoch hat Paris ein gewisses Flair nicht verloren, hat sich eine ganz eigene, manchmal geradezu kleinstädtische Atmosphäre zu bewahren gewußt. Wer über einen der Märkte schlendert oder an einem gemütlichen Tresen den ›Petit Blanc‹ trinkt, wird immer noch dem ›guten alten Paris‹ begegnen.

Foto: Das »Café de Flore« in Saint-Germain.

P

Für die Pariser ist ihre Stadt auch heute noch der Nabel der Welt. Immerhin steht Frankreich wirtschaftlich an zweiter Stelle in Europa. Und auch kulturell soll eine führende Position deutlich werden. Am augenfälligsten wird dieses Bemühen in der aktuellen Architektur. Die ›Grande Bibliothèque de France‹ etwa wird wohl noch eine ganze Zeit umstritten bleiben. Der Triumphbogen der Menschheit dagegen, die ›Arche‹ an der Défense, gehört längst zum Pflichtprogramm der Paris-Touristen. Der Blick von dem neuen Wahrzeichen der Seine-Metropole ist überwältigend: In schnurgerader Linie schweift das Auge bis hin zum ›alten‹ Triumphbogen, zur Place de la Concorde und zum Louvre. Eine uralte Perspektive, an die jeder selbstbewußte Herrscher Frankreichs seinen Meilenstein setzen ließ.

Foto: Der Beton- und Glaskubus des Triumphbogens der Défense.

aris hat viele Gesichter

Cartier
tier

Immer noch schwebt ein Hauch von Luxus über Paris, und die klingenden Namen der Haute-Couture sind weiterhin an der Seine zu Hause. Die Place Vendôme ist die Adresse für kostbarste Präziosen geblieben, und die Place des Victoires bleibt auch bei eigenwilligen Designern ›in‹. Italiener, Japaner und Araber machen den alteingesessenen Modeschöpfern Konkurrenz. Das belebt die Szene und sichert Paris seinen Ruf als Modehauptstadt der Welt. Und neben der politischen Macht konzentriert sich in der Seinestadt auch die Wirtschaftsmacht Frankreichs.

Foto: Der Juwelier Cartier, eine der ersten Adressen an der Rue du Faubourg-Saint-Honoré.

Die Zeiten, da Irma la Douce am Pigalle stand, sind längst vorbei, und der legendäre Platz ist zum billigen Amüsierrummel abgesunken. Geblieben ist eine Fülle von Revuen und Shows, zu denen sich gängige Discos gesellen. Montmartre, Montparnasse und auch Saint-Germain profitieren von vergangenem Ruhm – wenngleich in den ›Caves‹ die legendäre Jazz-Szene eine Renaissance erlebt. Das Interesse der Pariser wandelt sich. Und dafür haben die Emigranten aus den Vororten gesorgt. Ihre Musiker artikulieren in ihren Songs sozialen Protest. Denn die Menschen an der Peripherie, im Norden und Osten der Stadt, leiden an den Folgen von Arbeitslosigkeit und Entwurzelung. Zouk, Rumba-Rock, Afro-Beat, Rap und aufmüpfige Texte – das ist salonfähig geworden. Paris hat sich zur Musikmetropole der Afrikaner gemausert, in der auch weiße Nachtschwärmer auf ihre Kosten kommen.

Foto: Pariser Nachtvergnügen im »Crazy Horse«.

Auf dem Markt von Belleville fühlt man sich in eine andere Welt versetzt. In diesem Emigrantenviertel, in Barbés und auch in Ménilmontant dominiert arabische, afrikanische und asiatische Lebensweise. Dort ist augenfällig, was auch aus den Statistiken hervorgeht: Die Zahl der Ausländer im Großraum Paris ist auf 2,2 Millionen angewachsen. Sie kommen aus Nord- und Schwarzafrika, immer mehr auch aus Südostasien, und sind auf der sozialen Stufenleiter meist ganz unten. Das Schlagwort von Paris als Schmelztiegel der Rassen ist nur allzu optimistisch, denn nach wie vor herrscht Diskriminierung, die sich durch eine radikale Ausländerpolitik täglich verschlimmert. Doch Paris profitiert von den ausländischen Einflüssen. Sie bereichern die Restaurant-Palette und die Musikszene, bringen Farbe und Exotik in das Angebot der Einzelhandelsgeschäfte.

Foto: Auf dem Markt von Belleville.

94
PARIS
Arc de Triomphe
Sacré Coeur
Louvre
Tour Eiffel
Notre Dame
Périphérique
VERSAILLES
BOULOGNE-BILLANCOURT
NANTERRE
ST-DENIS
ST-GERMAIN-en-Laye
PONTOISE
CERGY
CONFLANS
HERBLAY
TAVERNY
DOMONT
ÉCOUEN
SARCELLES
GONESSE
GARGES
VILLIERS-le-Bel
GOUSSAINVILLE
CHANTILLY
Forêt de Chantilly
SENLIS
Parc Astérix
Autoroute du Nord
BEAUMONT-sur-Oise
PERSAN
CHAMBLY
LUZARCHES
MERY-sur-Oise
L'ISLE-ADAM
ST-OUEN-l'Aumône
POISSY
HOUILLES
COLOMBES
ASNIÈRES
CLICHY
ST-OUEN
AUBERVILLIERS
BOBIGNY
PANTIN
DRANCY
AULNAY-s-Bois
LE BLANC-MESNIL
VILLEPINTE
TREMBLAY-en-France
MITRY-MORY
CLAYE-SOUILLY
Villeparisis
SEVRAN
LIVRY-GARGAN
CHELLES
LAGNY
MONTREUIL
VINCENNES
ROSNY-sous-Bois
NEUILLY-PLAISANCE
NOGENT-s-M.
CHAMPIGNY-s-M.
CRÉTEIL
ST-MAUR-des-Fossés
MAISONS-ALFORT
VITRY
IVRY-s-S.
CHARENTON
VILLEJUIF
CACHAN
SCEAUX
ANTONY
FRESNES
ORLY
CHOISY
THIAIS
MASSY
PALAISEAU
ORSAY
LES ULIS
GIF-sur-Yvette
SACLAY
CHEVREUSE
CLAMART
MEUDON
MONTROUGE
BAGNEUX
VÉLIZY-VILLACOUBLAY
SÈVRES
ST-CLOUD
RUEIL-MALMAISON
CHATOU
LE VÉSINET
MARLY
LE CHESNAY
ST-CYR-l'École
TRAPPES
PLAISIR
LES CLAYES-sous-Bois
MAUREPAS
ELANCOURT
GUYANCOURT
MONTIGNY-le-Bretonneux
LES ESSARTS-le-Roi
RAMBOUILLET
LIMOURS
DOURDAN
ST-ARNOULT-en-Yvelines
ARPAJON
BRÉTIGNY-s.-O.
ÉVRY
CORBEIL-ESSONNES
LONGJUMEAU
JUVISY
SAVIGNY-sur-Orge
ATHIS-MONS
VIRY-CHATILLON
DRAVEIL
MONTGERON
BRUNOY
YERRES
VILLENEUVE-St-Georges
Forêt de Sénart
BOISSY-St-Léger
SUCY
ROISSY
OZOIR-la-Ferrière
BRIE-COMTE-ROBERT
COMBS-la-Ville
MOISSY-CRAMAYEL
MELUN
DAMMARIE-les-Lys
MENNECY
BALLANCOURT
LA FERTÉ-ALAIS
ÉTRÉCHY
ÉTAMPES
MILLY-la-Forêt
PERTHES
BARBIZON
FONTAINEBLEAU
Forêt de Fontainebleau
ST-GERMAIN-lès-Corbeil
ST-FARGEAU-Ponthierry
MEULAN
LES MUREAUX
ANDRÉSY
ACHÈRES
MAISONS-LAFFITTE
SARTROUVILLE
ARGENTEUIL
BEZONS
GENNEVILLIERS
EPINAY
DEUIL
MONTMORENCY
PIERREFITTE
STAINS
DUGNY
LE BOURGET
Aéroport Charles de Gaulle
Aéroport d'Orly
Parc des Exposition (Nord)
Maßstab 1:300.000
0 2 4 6 8 10 km

Wo gibt es was?

Paris

Die Seine-Metropole verdankt ihre Entstehung einer besonders günstigen geographischen Lage, die schon vor fast 2300 Jahren die sogenannten Parisii veranlaßte, ihre Hütten auf der Seine-Insel (Île de la Cité) aufzuschlagen. Auch die Römer wußten die Lage von Lutetia an der Kreuzung der Handelswege zu schätzen. Sie bauten die Stadt aus, benannten sie um und brachten das junge Paris zu erster Blüte.
Doch die heranstürmenden Barbarenhorden machten vor Parisia nicht halt, und so verlor die Stadt an Bedeutung, bis der Merowingerkönig Chlodwig I. 486 der römischen Herrschaft in Gallien ein Ende bereitete und Paris als Königssitz wählte. Sein Sohn Childebert I. legte den Grundstein für den ersten Königspalast auf der Cité-Insel (ein Vorläufer der Conciergerie) und ließ dort auch eine erste Basilika errichten. Auf ihren Fundamenten entstand in gotischer Zeit Notre-Dame.
In den folgenden Jahrhunderten bauten Karolinger (751 bis 987), Kapetinger (987–1328), Valois (1328–1589) und Bourbonen (1589–1792) mit wechselndem Glück an ihrer Residenzstadt, legten Gärten und Plätze an und ließen den Adel ganze Viertel mit prächtigen Palästen überziehen. Die Kirche ließ Klöster und Kirchen errichten, und später baute sich auch das emporgekommene Bürgertum stattliche Wohnhäuser.
Das grandioseste Bauvorhaben nahm sicherlich Ludwig XIV. in Angriff, als er das Jagdschlößchen in Versailles zur alles überstrahlenden Residenz seines ›Sonnenkönigtums‹ ausbauen ließ. Auf andere Weise spektakulär war das Eingreifen des Barons Haussmann, der nach 1848 auf Geheiß von Napoleon III. ganze Straßenzüge abreißen ließ – immerhin 28 000 Häuser fielen seiner Abbruchwut zum Opfer –, damit in Zukunft keine Barrikaden mehr in den engen mittelalterlichen Gassen errichtet werden könnten. Noch heute sind seine Schneisen deutlich zu sehen: die Place Charles-de-Gaulle/Étoile, die Boulevards Haussmann, Sebastopol und Saint-Germain. Ein anderes Überbleibsel aus der napoleonischen Epoche sind die Parkanlagen im Osten und im Westen der Stadt, der Bois de Vincennes und der Bois de Boulogne, bis heute die grünen Lungen von Paris. Auch im hygienischen Bereich wurde in der napoleonischen Epoche viel verbessert.
In den sechziger Jahren des 20. Jh. begannen die großen Sanierungen, die vielerorts über ihr Ziel, der Stadt ihre Lebensqualität wiederzugeben, hinausschossen. Zuviel Atmosphäre wurde dabei zerstört – den Nerv der Pariser traf der Abriß der Markthallen im Zentrum. Auch der Neubau des Bahnhofs Montparnasse erregte den Unmut der Bewohner der Seinestadt. Für den besseren Verkehrsfluß opferte man ein typisches Pariser Viertel. Seitdem geht man behutsamer vor, wie die Maßnahmen im Marais zeigen. Selbst die Trabantenstädte erfüllen inzwischen ihre Funktion als Auffangbecken für die weiterhin in den Großraum Paris strömenden Arbeitsuchenden.

Arrondissements

Paris ist Stadt und Département zugleich. An die Spitze der Stadtverwaltung wird ein Bürgermeister gewählt, das Département regiert ein eingesetzter Präfekt.
Paris besitzt 20 Arrondissements mit jeweils vier Vierteln, Quartier oder Faubourg (Vorstadt, außerhalb der Befestigung) genannt. Der erste Stadtbezirk liegt rund um den Louvre, und die anderen sind schneckenförmig darumgelagert und im Uhrzeigersinn bis 20 durchnumeriert: 1. Louvre, 2. Bourse, 3. Temple/Marais, 4. Hôtel de Ville/Marais, 5. Panthéon, 6. Luxembourg, 7. Palais Bourbon, 8. Élysée, 9. Opéra, 10. Enclos Saint-Laurent, 11. Bastille, 12. Reuilly, 13. Gobélins, 14. Observatoire, 15. Vaugirard, 16. Passy, 17. Batignolles, 18. Butte-Montmartre, 19. Buttes-Chaumont und 20. Ménilmontant.

Großraum Paris

Die Région Parisienne umfaßt Paris und die umliegende Île de France mit ihren neun Départements und erstreckt sich über eine Gesamtfläche von 6000 Quadratkilometern. Hier lebt fast jeder fünfte Franzose, das bedeutet insgesamt rund zehn Millionen Menschen, und damit ist diese Anhäufung von Menschen das größte städtische Ballungsgebiet Europas nach London.
Die Île de France ist aber zugleich auch das Stammland der französischen Könige, und so findet der Tourist noch heute in unmittelbarer Nähe der Hauptstadt zahlreiche Zeugnisse aus vergangener Zeit: Der Jagdlust der Könige verdankt Paris herrliche Wälder und Jagdschlösser (Saint-Germain, Fontainebleau, Compiègne), und der Wunsch von Adel und Großbürgertum nach Zerstreuung bescherte der Île de France unzählige kleine Schlößchen und Herrensitze, die heute oft zum ›Maison de Campagne‹ gutbetuchter Pariser umfunktioniert wurden, zu jenem Landhaus, das in Paris Tradition hat und immer noch als Statussymbol gilt.

Die Kulturstadt

Paris hat über 80 Museen, und stets kommen neue hinzu, oder die alten werden ausgebaut, um dem Andrang der Massen besser gewachsen zu sein. Das Centre Pompidou muß schon zum zweiten Mal renoviert werden. Diesmal von Grund auf. So will man mit dem Strom der jährlich 8 Millionen Besucher besser fertig werden.
Auch der Louvre wird nun schon seit Jahren renoviert und ausgebaut, und die gläserne Pyramide des sino-amerikanischen Architekten Pei ist ebenso ein Muß für Paris-Touristen wie der Eiffelturm und der Triumphbogen. Die Impressionisten haben inzwischen ebenfalls eine würdige Bleibe gefunden, und zwar im ehemaligen Orsay-Bahnhof.
Auch die Pariser Theaterszene ist von bemerkenswertem Reichtum, und neben den berühmten staatlichen Bühnen gibt es viele Privattheater und eine Fülle von kleinen Experimentierbühnen. Hinzu kommen die Theater in den Vororten Nanterre, Genevilliers, Bobigny und Aubervilliers, die mit progressiven Inszenierungen von sich reden machen.
Viel Wind gab es um die neue Oper am Bastille-Platz, die zu den Prestige-Bauobjekten des früheren Staatspräsidenten François Mitterrand gehört. Sie verschlingt nicht nur Unsummen, sondern leidet auch immer wieder unter Störungen des Programmablaufs. Kein Wunder, daß sich da so mancher Opernfreund nach der guten alten Garnier-Oper sehnt.

Frankreichs Wirtschaftszentrum

Über die Hälfte aller französischer Wirtschaftsunternehmen hat ihren Hauptsitz in Paris. Allein die futuristische Geschäftsstadt La Défense vor den Toren von Paris besitzt mit über drei Millionen Quadratmetern Bürofläche doppelt soviel wie das ehrwürdige 8. Arrondissement. Rund 100 Messen ziehen vor allem im Herbst und im Frühjahr Besucher aus aller Welt an, und zusätzliche 1000 Kongresse finden übers ganze Jahr verteilt an der Seine statt. Große Nutznießer dieses Geschäftstourismus sind die Pariser Hoteliers, die alljährlich rund zwölf Millionen Touristen aller Couleur beherbergen.
Doch der Großraum Paris bleibt nicht nur die unumstrittene Wirtschafts- und Handelsmetropole Frankreichs, sondern ist auch führend in Sachen Forschung, Werbung und Journalismus. In Paris hat seit 1946 die UNESCO ihren Sitz, die Organisation der Vereinten Nationen für Erziehung, Wissenschaft und Kultur, und dort arbeitet auch ein Sekretariat der Organisation für wirtschaftliche Zusammenarbeit und Entwicklung OECD.

D

Immer noch ist die Ile de la Cité mit der mächtig aufragenden Notre-Dame das unumstrittene Herz von Paris. Hier stand die Wiege der Stadt. Hier residierten von der Antike bis ins Mittelalter Frankreichs Herrscher. Und noch heute kommt der Insel Bedeutung zu, denn zur Conciergerie gehört der Justizpalast, und an der Place Louis-Lépine hat die allmächtige Polizei-Präfektur ihren Sitz, wo Ausländer ihre Aufenthaltsgenehmigungen und Franzosen Führerschein und Autopapiere ausgestellt bekommen.

Foto: Blick vom Quai de Montebello über die Seine auf die Kathedrale Notre-Dame.

e Stadt der Mächtigen

△ Gotik in Notre-Dame

Farbenpracht: Glasfenster in Sainte-Chapelle ▽

Hôtel de Ville im Renaissance-Stil ▽

△ Lohnt das Anstehen: Eisladen in der Rue Saint-Louis-en-Île

Auf dem Quai de la Mégisserie ▽

△ Zu dem vielgestaltigen Baukomplex auf der Île-de-la-Cité gehören Justizpalast, Conciergerie … … und Sainte-Chapelle ▽

Glanz und Glorie der französischen Politik

Wenn der französische Präsident mit hohem Staatsbesuch zur Kranzniederlegung am Grab des Unbekannten Soldaten unter dem Triumphbogen fährt, dann führt der Weg über die Champs-Élysées, seit dem Zweiten Empire die Paradestraße von Paris. Hier defilierten am 14. Juli 1919 die Truppen der ›Entente‹, und auch de Gaulle ließ es sich nicht nehmen, 1944 über die Champs-Élysées ins befreite Paris einzuziehen. Zur 200-Jahr-Feier der Französischen Revolution fand hier eine überdimensionale Licht- und Tonschau statt, und im Zeichen fortschreitender europäischer Verständigung marschierte am 14. Juli 1994 das Eurokorps vom Triumphbogen zur Place de la Concorde; darunter auch deutsche Soldaten. Eine umstrittene Beteiligung, besonders in den Augen derjenigen, denen die deutsche Besatzungszeit noch schmerzlich im Gedächtnis haftet. Gemeint jedoch als Akt der Vergangenheitsbewältigung, als Zeichen der Versöhnung. Die Prachtstraße hat mit den Jahren viel von ihrem Flair verloren: Banken, Autofirmen, Kinos und Fast-food-Restaurants haben die schicken Geschäfte verdrängt. Um den ›Gefilden der Seligen‹ wieder etwas von ihrem alten Glanz zu geben, stellte der Pariser Stadtrat 240 Millionen Francs bereit. Breite Trottoirs in diskretem Granit, anthrazitfarbene Kandelaber, Bänke und Ampeln von Jean Michel Vilmotte, Bushaltestellen von Norman Foster und eine grün-weiße Putzarmada sollen dafür sorgen, daß ›Les Champs‹ wieder zu einem attraktiven Zentrum von Paris werden.

Republikanisches Palais Bourbon

Unverändert ist hingegen die Nationalversammlung unweit der Place de la Concorde, wo sich die 500 Abgeordneten Frankreichs im Palais Bourbon oft heiße Redeschlachten liefern. Das angren-

△ Natürlich wird auch in Paris Boule gespielt: Jardin des Tuileries

△ Das Ufer der schönen Männer: Quai des Tuileries

△ Monets ›Seerosen‹ im Musée de l'Orangerie des Tuileries

Am Quai de la Tournelle ist dieses Restaurant zu finden ▽

Napoleon hatte diese Säule zum ›Ruhme der Armee‹ aufstellen lassen: Place Vendôme ▽

△ Aus den Tuilerien-Gärten blickt man zum Obelisken auf der Place de la Concorde; … …dahinter die Madeleine-Kirche ▽

zende Hôtel de Lassay ist Sitz des Parlamentspräsidenten und mutet mit seinen hohen barocken Fensterfronten und den legendären Zimmerfluchten mehr königlich luxuriös, denn parlamentarisch streng an.
Der Posten ist auch überaus gefragt, zumal erzählt wird, daß in dem prächtigen Palast oft astronomische Geldsummen für aufwendige Empfänge verschleudert werden. Bisher scheint das die französischen Steuerzahler nicht zu stören – doch machen die sich häufenden Finanzskandale auch gutgläubige Bürger allmählich hellhörig.

Großstadt mit Problemen

Zur 100-Jahr-Feier seines Wiederaufbaus wurde das Pariser Rathaus 1982 vollständig renoviert. Sandstrahlgebläse putzten die schwarzen Fassaden sauber, und vor dem Hauptportal entstand ein autofreier Platz.
Seinen eigentlichen Aufschwung aber hatte das Hôtel de Ville vor rund 20 Jahren erlebt, als Paris endlich wieder einen Bürgermeister bekam. Jahrhundertelang zeigten sich die französische Staatsführung eher mißtrauisch gegenüber den städtischen Vertretern, da sie sich nur allzu oft als aufmüpfige Revolutionäre gebärdeten, statt weise Stadtväter zu sein. Die Ereignisse von 1848 und vor allem die 1871er ›Commune von Paris‹ blieben lange in Erinnerung.
Inzwischen hat sich die Pariser Bevölkerung längst an ihren Bürgermeister gewöhnt und stellt hohe Ansprüche an die Stadtverwaltung. Die hat dann auch nach und nach die anstehenden Probleme in Angriff genommen. Als erstes galt es für größere Sauberkeit zu sorgen. Inzwischen gehören die Drogenszene und die damit verbundene Aidsaufklärung zu den größten Sorgen der Pariser Stadtväter. Immer mehr spitzt sich auch die Lage der Obdachlosen zu, so daß erwogen wird, leerstehende Häuser zu beschlagnahmen und als Unterkünfte für diese soziale Problemgruppe zur Verfügung zu stellen.

△ Traditions-Adressen: »Hotel Ritz« und Élysée-Palast mit Wache ▽

Zur Galerie Tuck gehört dieser Saal im Petit Palais ▽

Briefmarken-Markt: Avenue Gabriel/Ecke Avenue de Marigny ▽

△ Mächtig ragen die Kuppeln des Grand Palais hinter dem Pont Alexandre III auf

△ Ministerstatuen davor, Frankreich, Freiheit und Ordnung im Giebelfeld: das Parlament

Institut de France ▽

Die 40 Weisen

Sie residiert am Ufer der Seine und wird von den Parisern ›die alte Dame vom Quai Conti‹ genannt. Die Académie Française ist eine jahrhundertealte Institution und scheint heute vitaler denn je. Nur wer zur französischen Geisteselite, zum Kreis renommierter Dichter und Denker, gehört, hat die Chance, in die Académie aufgenommen zu werden, zu den 40 ›Weisesten‹ des Landes zu zählen. Ruhm ist ihm sicher, samt der damit verbundenen Annehmlichkeiten. Kein Wunder, daß der Titel ›Mitglied der Académie Française‹ auch heute noch heißbegehrt ist. Wer ihn trägt, hat die Aufgabe, Preise, Auszeichnungen und Stipendien an den hoffnungsvollen Nachwuchs und an verdiente Bürger zu vergeben und für die Pflege der Sprache Sorge zu tragen – eine Neuauflage des legendären Wörterbuchs der französischen Sprache ist in Arbeit. Bis weit in unser Jahrhundert hinein war die Akademie ausschließlich eine Domäne der Männer; meist sind sie zum Zeitpunkt der Aufnahme bereits in Ehren ergraut. Für Frankreichs Frauen war es eine kleine Revolution, als die Schriftstellerin Marguerite Yourcenar 1980 als erstes weibliches Wesen in den Kreis der ›Unsterblichen‹ aufgenommen wurde. Die erlauchte Runde tagt in einem mächtigen Kuppelbau gegenüber dem Louvre.

Die Schulen der Macht

Viele Mitglieder der Académie Française haben die École Normale Supérieure besucht, die – ein wenig südlich von Frankreichs Machtzentrum in der Rue d'Ulm gelegen – als Traumziel vieler Studenten gilt. Sie hat nicht nur berühmte Schriftsteller wie Sartre oder Senghor, sondern auch weltweit bekannte Naturwissenschaftler wie Pasteur und große Philosophen hervorgebracht. Fast alle führenden Staatsdiener Frankreichs haben hingegen die Verwaltungsschule École Nationale d'Administration – kurz ENA genannt – durchlaufen, die in der Rue des Saints Pères zu finden ist.

MARAIS
ÎLE DE LA CITÉ
ÎLE ST LOUIS
QUARTIER LATIN
ST-GERMAIN DES PRÉS
Seine
Jardins des Tuileries
Place de la Concorde
Champs Elysées
Boulevard St Germain
Rue de Rivoli
Palais Royal Musée du Louvre
Châtelet
Hôtel de Ville
Les Halles
Opéra
Madeleine
Invalides
Hôtel des Invalides
École Militaire
Assemblée Nationale
Notre Dame
St Michel
Odéon
St Sulpice
Sèvres Babylone
Pont Neuf
Musée d'Orsay
Palais du Luxembourg (Sénat)
Maßstab 1:15.000
0 100 200 300 400 500 600 m
48
58
68
76
36

Wo gibt es was?

Nadelnummer = Textnummer

Champs-Élysées ①

Die berühmte Prachtstraße von Paris hat unter Napoleon III. ihre imposanten Ausmaße und ihr elegantes Flair bekommen. In den letzten Jahrzehnten verkam sie mehr und mehr zur Fast-food-Meile und verlor viel von ihrem ursprünglichen Charme. Inzwischen wurde ein Teil der Avenue renoviert. Die Gärten beim Élysée-Palast (1718, mehrmals umgestaltet und seit 1873 Sitz des französischen Präsidenten), laden zum Bummeln ein. Und auch das *Petit* und das *Grand Palais*, prächtige Glas- und Metallkonstruktionen, säumen nach wie vor die Allee; die intakten Erinnerungen an die Weltausstellung von 1900 werden für Wechselausstellungen *(Grand Palais)* und auch für ständige Ausstellungen aus dem städtischen Kunstbesitz genutzt (Petit Palais; geöffnet tgl. außer mo 10–17.40 Uhr).

Assemblée Nationale ②

Gegenüber der Place de la Concorde liegt das klassizistisch umgestaltete *Palais Bourbon*, 1722 für die Herzogin von Bourbon (die legitime Tochter Ludwigs XIV. mit Madame de Montespan) errichtet. Seit 1918 tagt dort das französische Parlament.

Palais du Louvre ③

Schon König Philippe II. August hatte um 1190 eine bestehende Anlage zu einer Festung ausbauen lassen, deren Grundmauern beim Bau der Pyramide freigelegt wurden (zu besichtigen). Als die Conciergerie den französischen Königen nicht mehr sicher genug erschien (um 1360, u. a. wegen des Bürgeraufstandes unter Etienne Marcel), ließen sie den Louvre wohnlicher gestalten, lebten aber überwiegend in Hôtels im Marais-Viertel. Erst Franz I. residierte nach 1527 auf Dauer im Louvre. Bis zu Ludwig XIV., der nach Versailles umzog, bauten alle französischen Herrscher den Louvre aus und um, und auch Napoleon I. und Napoleon III. fügten neue Teile hinzu. Einzelne Palastflügel brannten während der Kommune 1871 ab und wurden nur teilweise wiedererrichtet. Seit 1793 ist der Louvre ein öffentliches Museum, dessen Sammlungen heute zu den berühmtesten der Welt gehören. 1981 beschloß François Mitterrand, den gesamten Komplex für Museumszwecke zu nutzen, und beauftragte den sino-amerikanischen Architekten Ieoh Ming Pei mit dem Bau der Glaspyramide. Seit 1993 dient der gesamte Bau Museumszwecken.
Der anschließende *Jardin des Tuileries* hat seinen Namen vom 1871 abgebrannten Tuilerienschloß (nach ehemals dortigen Ziegeleien ›Tuileries‹, benannt) und wurde ab 1664 vom Gartenarchitekten André Le Nôtre auf Wunsch Ludwigs XIV. angelegt. Die Neugestaltung des Gartens nach alten Vorlagen soll voraussichtlich 1997 abgeschlossen sein. Die Anlage verbindet den Louvre mit der *Place de la Concorde*, zur Zeit der Französischen Revolution Standort der Guillotine; unter den Zehntausenden, die hier endeten, waren Ludwig XVI. und Marie-Antoinette. Der Platz geht auf Ludwig XV. zurück und wird vom Hôtel Crillon und dem Marineministerium (beide bis 1775) gesäumt. In der Platzmitte seit 1833 ein 3300 Jahre alter Obelisk aus Luxor, den ›Bürgerkönig‹ Louis Philippe von den Ägyptern geschenkt bekommen hatte.

Institut de France ④

Das Palais de l'Institut wurde auf Wunsch Kardinal Mazarins vom Architekten Louis Le Vau als Studienkolleg entworfen und von 1663 bis 1691 errichtet. Seit 1805 beherbergt es die 1635 von Kardinal Richelieu gegründete Académie Française, die über die französische Sprache wacht, sowie Akademien für Altertumswissenschaften, Naturwissenschaften, Geistes-, Rechts- und Sozialwissenschaften und Kunst.
Die Bibliothek Mazarin, erste öffentliche Bibliothek Frankreichs, ist ebenfalls hier untergebracht und umfaßt heute 450 000 Werke und 4600 Handschriften, sowie 2100 Inkunabeln und 6000 ›Mazarinades‹.

Conciergerie ⑤

Die Conciergerie – ihren Namen hat sie nach dem ›Concierge‹, dem königlichen Verwalter nach dem Auszug der Könige – geht auf den Königspalast der Kapetinger aus dem 11. Jh. zurück. Aber man vermutet, daß auch schon die Herrscherpaläste der Römer (51 v. Chr.–486) und der fränkischen Merowinger (486 bis 751) an dieser Stelle gestanden haben. Als Gefängnis (seit ca. 1400) erlangte die Conciergerie während der Französischen Revolution traurige Berühmtheit – u. a. waren hier Kaiserin Marie-Antoinette und die Revolutionäre Danton und Saint-Just eingesperrt; im 14. Jh. bereits tagte in der Conciergerie das ›Parlament‹, einem heutigen Gerichtshof gleichzusetzen, und seit Napoleon I. haben sich die Richter, Staatsanwälte und Advokaten endgültig dort niedergelassen. Die Conciergerie, die im 19. Jh. umgestaltet (Portalfassade; insgesamt geöffnet tgl. von 9.30–18.30 Uhr bzw. 10–16.30 Uhr im Winter) und zur 200-Jahr-Feier der Französischen Revolution vollständig renoviert wurde, kann ebenso wie der Justizpalast aus dem 19. Jh. (geöffnet mo bis fr 9–18 Uhr) besichtigt werden; sehenswert vor allem die Palastküche (um 1350), die Salle des Gens d'Armes (der ›bewaffneten Männer‹; um 1300) und die Salle des Gardes (um 1350).
Die ›Heilige Kapelle‹ (*Saint Chapelle)* ist der älteste Teil der Conciergerie; König Ludwig der Heilige ließ sie für die Reliquien der Dornenkrone Christi errichten (1246–1248), die er vom Kaiser von Konstantinopel erworben hatte (heute in Notre-Dame). Besonders sehenswert die Kirchenfenster (13. Jh.) des ersten Stockwerkes (ansonsten rekonstruiert), die zu den schönsten in ganz Frankreich gehören (geöffnet tgl. von 9.30 bis 18.18 Uhr bzw. 10–16.30 Uhr im Winter).

Hôtel de Ville ⑥

Der Sitz des Pariser Bürgermeisters geht auf einen Renaissancebau aus dem 16. und 17. Jh. zurück. Im September 1870 wurde hier die Republik ausgerufen. Das heutige Rathaus wurde allerdings im 19. Jh. neu errichtet, nachdem es Kommunarden 1871 in Brand gesteckt hatten. Auch die Innendekoration daher von Künstlern des 19. Jh.; sehenswert sind die Gemälde von Puvis de Chavannes und die Parisbilder von Lépine (Besichtigung mo um 10.30 Uhr).

Notre-Dame ⑦

Eine der bedeutendsten gotischen Kirchen des Landes und ab 1163 im Auftrag des Bischofs Maurice de Sully errichtet (1320 fertiggestellt). Ihre Westfassade (1200–1220) mit dem Marien- und dem Annenportal, dem Jüngsten Gericht und der großen Rosette demonstriert noch heute die Geschicklichkeit der mittelalterlichen Steinmetze. Besonders beeindruckend das Volumen des 130 Meter langen und 33 Meter hohen Kirchenschiffes mit überwältigender Akustik. Die Orgel stammt von Cliquot (1730; renoviert und modernisiert) und ist heute die größte Orgel Frankreichs mit 113 Registern. Sehenswert die Fensterrosette (13. und 14. Jh.), das Chorgestühl (18. Jh.) sowie die Reliefs rund um den Chor mit Szenen aus dem Leben Christi (14. Jh.; geöffnet tgl. 8–18.30 Uhr; Führungen mo bis fr 12 Uhr, Treffpunkt unter der Orgel).
In der Sakristei ist der reiche Kirchenschatz zu besichtigen (geöffnet mo bis sa 10–19 Uhr). Vom Turm ein herrlicher Blick über die Innenstadt (Besteigung tgl. 9.30–12.15 und 14–18 Uhr, so 9.30–12.45 Uhr und 14–17 Uhr).

Zwischen Lo

Keine andere europäische Stadt hat in den vergangenen Jahren so viele Museen und Theater geschaffen und gefördert wie Paris. Die Louvre-Pyramide ist stolzer Ausdruck für den Willen des damaligen französischen Präsidenten, Paris zur kulturellen Hauptstadt Europas zu machen. Kunstliebhaber und Architektur-Interessierte reagieren positiv auf das neue Angebot und strömen scharenweise an die Seine. Davon profitieren die Hotels und die Geschäfte der Stadt. Schließlich will jeder, ›en passant‹, ein wenig schaufensterbummeln oder durch eines der zahlreichen Kaufhäuser schlendern. Denn Paris bleibt trotz aller Kultur auch weiterhin Shopping-Metropole.

Foto: Längst gehört die anfangs umstrittene gläserne Pyramide im Louvre-Hof zu den Sehenswürdigkeiten von Paris.

uvre und Bastille-Oper

△ Von der Glaspyramide gelangt man ins ›größte Museum der Welt‹

›Nike von Samothrake‹ . . . ▽

. . . und die ›Venus von Milo‹ in der griechischen Abteilung ▽

Versonnen vor dem Musée d'Orsay ▽

△ Die Kunst macht an den Museumspforten nicht halt: in der Metro-Station ›Louvre‹

△ Kunst des 19. Jahrhunderts, darunter das bekannte ›Frühstück‹ von Manet, ist im beeindruckenden Musée d'Orsay zu finden ▽

Auf dem Weg ins dritte Jahrtausend

Die kulturelle Landschaft der Hauptstadt neu zu gestalten, war das erklärte Ziel der Politiker der achtziger Jahre. Allerdings hatte es schon zuvor ähnliche Impulse gegeben. Einen ersten Aufschwung gab es unter de Gaulles Kulturminister André Malraux, der in den sechziger Jahren die stark verschmutzten Monumente der Stadt reinigen ließ und so Paris zu neuem Glanz verhalf.
Präsident Pompidou ließ im alten Stadtteil Beaubourg das nach ihm benannte Centre National d'Art et de Culture errichten, das der Volksmund schlicht Centre Beaubourg nennt. Pompidou hat sich damit zwar ein Denkmal gesetzt, das lange umstritten war, der modernen Kunst aber auch zu ungeahntem Durchbruch verholfen.
Die hohen Erbschaftssteuern, die nach dem Tod Pablo Picassos fällig wurden, zwangen dessen Erben, dem französischen Staat wahre Schätze zu überlassen. Um sein Œuvre angemessen unterzubringen, wurde das Hôtel Salé im Marais-Viertel umgebaut, und so kam Paris recht unerwartet zu einem repräsentativen Musée Picasso. Inzwischen haben sich ein Maillol- und ein Puppenmuseum dazugesellt und noch eine weitere Attraktion, die in Europa einmalig ist: ein Jahrmarktmuseum mit Karussells aus vielen Ländern des europäischen Kontinents.

Monumente moderner Architektur

Was dem einen Präsident recht ist, soll dem anderen billig sein, muß sich Giscard d'Estaing gedacht haben, als er sich dazu entschloß, den Umbau des ehemaligen Orsay-Bahnhofs zum Museum des 19. Jahrhunderts zu fördern. Die neue Bleibe der Impressionisten wurde allerdings nicht mehr von ihm eröffnet, denn die Präsidentschaftswahlen von 1981 hatten mit Mitterrands Sieg bereits die Wachablösung gebracht. Mit ihm begann die Zeit der Pariser Großbaustellen, die Mitterrand zum prägenden Bauherrn

△ Der verspielte Brunnen von Niki de Saint-Phalle ... ... und Straßenkünstler vor dem Centre Pompidou, ... ▽ ... das Zeitgenössisches zeigt – hier Jean Debuffet ▽

△ Der ›Kuß‹ im Musée Rodin und monumentale Skulpturen direkt am Seine-Ufer im Musée de Sculpture de Pleine Air ▽

Beeindruckend sind die schönen Schiffsmodelle des Seefahrtsmuseums ▽

des ausgehenden 20. Jahrhunderts machten, und mit denen sich Paris ins nächste Jahrhundert katapultierte. Denn die Seine-Metropole soll sich, so wünschen es sich die Planer, auch in Zukunft als europäische Kulturmetropole behaupten können. Dabei wurde der traditionellen Ost-West-Achse, die von der Bastille über den Louvre und die Champs-Élysées mit dem Triumphbogen bis zur futuristischen Défense reicht, besondere Beachtung geschenkt. An der Place de la Bastille im Osten der Stadt entstand die Opéra de la Bastille, am Grand Louvre mit seiner gläsernen Pyramide haben jahrelange Umbauarbeiten stattgefunden. Der Arche de la Défense, Monument moderner Architektur im Viertel La Défense im Westen der Stadt, ist zu einer weiteren Touristenattraktion geworden.

Teilweise noch Baustelle

Am linken Seine-Ufer liegt die Baustelle für die riesengroße Bibliothéque de France, schräg gegenüber vom Monumentalbau des neuen Finanzministeriums in Bercy. Hier ist auf 150 000 Quadratmetern die Ablösung der Bibliothéque Nationale geplant, die nur Wissenschaftlern und Studenten zugänglich ist. Die neue Bibliothéque de France soll mit immerhin 6000 Leseplätzen sowohl fürs breite Publikum als auch für Forscher aus aller Welt offen sein. Sozusagen als nördliches Pendant sind im Villette-Park das Musée des Sciences, des Téchniques et des Industries mit dem Hemisphärenkino Géode und die Cité de la Musique zu sehen. Neben dem Konservatorium und einem großen Konzertsaal sind in dem eigenwillig konzipierten Komplex ein Musikinstrumentenmuseum und pädagogische Abteilungen untergebracht, die den Ansprüchen zeitgenössischer Komponisten gerecht werden.

Schillernde Theaterszene

Neben den ›Institutionen‹ der Theaterszene – vor allem durch die stark subventionierte, seit 310 Jahren spielende Traditionstruppe Comédie Française und

△ Zwei Zeitalter: die neobarocke Garnier-Oper aus der Restaurationszeit und das gläserne Forum des Halles ▽

Ein Fotomotiv: Kunst am Forum des Halles ▽

Junge Mode sitzt an der Place des Victoires ▽

△ Die Comédie Française bringt eher Klassisches auf die Bühne

△ Zwei Eckpfeiler französischen Lebens: Straßencafés ... ... und Restaurants ▽

das Théâtre de la Ville repräsentiert – gibt es experimentierfreudige, international orientierte Bühnen. Ihre Produktionen machen über Frankreichs Grenzen hinweg von sich reden. Der Londoner Regisseur Peter Brook und der italienische Starregisseur Giorgio Strehler arbeiteten hier mit erfolgreichen Produktionen. Die Französin Ariane Minouchkine machte mit ihrem Théâtre du Soleil Bühnengeschichte, wurde mit der Filmfassung ihrer Theaterproduktion ›1789‹ über die Französische Revolution in ganz Europa bekannt.

Luxus, Galerien und Flohmärkte

Mag der Parisbesucher auch noch so kulturbeflissen sein, ein Auge für die Shopping-Szene der Stadt wird er stets riskieren. Wer sich keine Haute-Couture-Modelle leisten kann, ist auch mit Prêt-à-porter bestens bedient. Geschickte Schnäppchenjäger stöbern in Secondhand- und in Sonderposten-Läden, die Einzelstücke aus den Kollektionen der Stardesigner günstig anbieten. Was eine oder zwei Saisons später über den Ladentisch geht, ist für den modebewußten Durchschnitt meist immer noch aktuell genug. Die Modenschauen, auf denen die Star-Designer ihre Kreationen präsentieren, werden von 2000 Einkäufern und Modejournalisten aus aller Welt besucht. Außer ihnen haben nur ausgewählte Gäste (meist potentielle Kunden) das Vergnügen, dabeizusein. Die übrigen informieren sich bei den wöchentlichen Modeschauen der beiden großen Kaufhäuser Printemps und Galeries Lafayette über den neuesten Trend. Es sei denn, man zieht die intime Atmosphäre des Einzelhandelsgeschäftes vor und will direkt bei den Großen der französischen Mode vorsprechen. Sie sitzen im edlen Faubourg Saint-Honoré und in den Avenuen Montaigne, Georges V., François I. und Marceau. Zumindest in seiner Architektur dem Hypermodernen verpflichtet versteht sich das Forum des Halles. Der ›Konsumtempel der Nation‹ entstand dort, wo zuvor 800 Jahre lang der Großmarkt,

△ Klassizistisch, die Galerie Colbert

Mehrmals täglich frisch: Baguettes ▽

△ Robert Capia in der Galerie Véro-Dodat

△ Jeder eine Mona Lisa: Pont des Arts

Avenue de l'Opéra ▽

△ Weitab vom Trubel: Galerie Vivienne

Läßt Genießer-Herzen höher schlagen: in der Rue Saint-Honoré ▽

der vielgeliebte ›Bauch von Paris‹ (Zola), für das tägliche Chaos gesorgt hatte. In den siebziger Jahren riß man den historischen Komplex ab. Aller anfänglichen Kritik zum Trotz werden in dem unterirdischen Geschäftszentrum Millionenumsätze erzielt. Aber auch Kultureinrichtungen wurden geschaffen: zwei Museen, die Videothek von Paris, die alles zeigt, was jemals über Paris gefilmt wurde, Fotoausstellungsräume, Kindertheater und Kinos. Abends jedoch verkommt das Forum zum Treffpunkt sozialer Randgruppen, über die Polizeipatrouillen wachen müssen.
Eine ganz andere Atmosphäre herrscht in den Einkaufspassagen, die im vergangenen Jahrhundert in Mode waren. In den Galerien Vivienne, Colbert und Véro-Dodat, den Passagen des Princes, du Grand Cerf und Choiseul scheint die Zeit stillzustehen. Kleine Restaurants und Teesalons laden zur Rast, und wer erst abends kommt, muß – wie in der Galerie Véro-Dodat – vom Kellner mit einem großen Schlüssel eingelassen werden.
Wesentlich weniger intim geht es an den Wochenenden auf den Pariser Flohmärkten zu, die, inzwischen zur Institution avanciert, neben Tand und Trödel durchaus auch gute Ware haben. Wer ein Schnäppchen machen will, muß frühmorgens kommen.

Genuß für Gaumen und Augen

Wem der Sinn mehr nach verzehrbaren Souvenirs aus Paris steht, sollte sich in den Delikatessengeschäften bei der Madeleine-Kirche umsehen. Auch wenn man nichts von dem teuren Angebot erstehen will, bleiben die Auslagen von Fauchon und Hédiard ein Augenschmaus. Nicht weniger lohnend ist ein Bummel über einen der Pariser Wochenmärkte, wo Fisch neben Obst und Gemüse aufgestapelt ist und bunte Blumensträuße an Käsestände grenzen. Jedes Pariser Viertel hat seinen Markt an festgelegten Tagen, mindestens zweimal in jeder Woche. Insgesamt gibt es heute 100 Pariser Märkte – mehr als im 19. Jahrhundert.

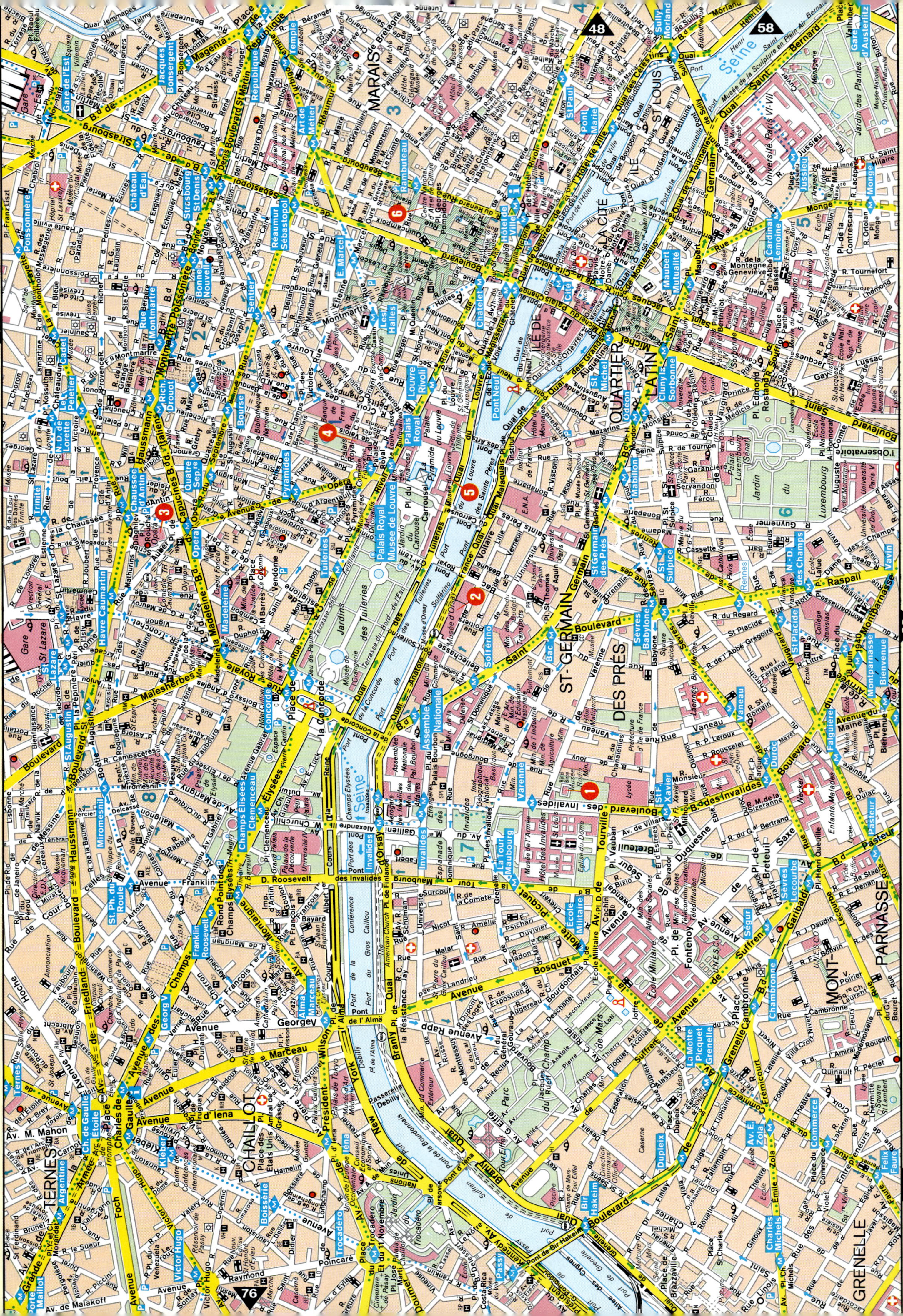

Maßstab 1:20.000
0 200 400 600 800 m

Wo gibt es was?

Nadelnummer = Textnummer

Musée Rodin ①

Viele Werke des bekannten Bildhauers Auguste Rodin (1840–1917) sind im ehemaligen *Hôtel Biron* (um 1730; Rue de Varenne 77) untergebracht oder stehen in dessen gepflegtem Garten. Das Palais beherbergt heute eine Fülle von Skizzen und Entwürfen Rodins und natürlich zahlreiche seiner berühmten Plastiken (teilweise Kopien). Außerdem die persönliche Sammlung Rodins mit Mobiliar und Gemälden (geöffnet tgl. außer mo von 10–17 Uhr).

Musée d'Orsay ②

Oft als Hochburg der Impressionisten bezeichnet. Darüber hinaus bietet das Orsay-Museum seit 1986 Einblick in alle Ausdrucksformen des 19. Jh. Werke von 1848 bis 1914 sind in dem 1900 errichteten ehemaligen Bahnhof untergebracht. Monet- und Manet-Anhänger kommen ebenso auf ihre Kosten wie Verehrer von Rodin und Maillol oder Liebhaber von Daumier. Das Angebot ist umfassend, reicht von Malerei und Plastik über Architektur und Städteplanung bis zu Kunsthandwerk und Gebrauchsgegenständen und gibt auch Einblick in die Anfänge von Fotografie und Film (geöffnet tgl. außer mo 10 bis 18 Uhr, do bis 21.45 Uhr und so 9 bis 18 Uhr).

Opéra ③

Die alte Oper dient heute nur noch Ballettaufführungen. Sie entstand von 1861 bis 1874 nach Plänen von Charles Garnier, der sich mit seinem Opernentwurf in einem Wettbewerb gegen 170 Konkurrenten durchgesetzt hatte. Er entsprach den Erfordernissen des Theaters und trug gleichzeitig dem Bedürfnis der Pariser Bourgeoisie nach Selbstdarstellung Rechnung. Die Oper besticht nach wie vor durch ihre prächtige Ausstattung: Die breite, geschwungene Steintreppe, die Kandelaber und die Deckenmalerei von Chagall bleiben sehenswert (Besichtigung tgl. außer 1. Mai und 14. Juli von 19–16.30 Uhr). Ballettsaison von Oktober bis Anfang Juli.
Die großen Pariser Kaufhäuser Galeries Lafayette und Printemps (beide Boulevard Haussmann) wurden Ende des 19. Jh. eröffnet und allmählich erweitert. Beide besitzen noch ihre bunten Glas- und Metallkuppeln und wetteifern um die Gunst von in- und ausländischen Kunden. Zu Weihnachten belagern die Kinder die Spielzeug-Schaufenster, und im Januar läuft die traditionelle ›Weiße Woche‹ mit Bett- und Tischwäsche (geöffnet tgl. von 10–18.30 Uhr).
Südwestlich am gleichnamigen Platz die 1842 der Maria Magdalena geweihte Kirche *La Madeleine*, die auf den ersten Blick wie ein (pseudo)griechischer Tempel anmutet.

Théâtre Française ④

Das ehrwürdige Theater der Comédie Française im *Palais Royal* (17. und 18. Jh.) geht auf Ludwig XIV. zurück, der es Molière (1622–1673) zur Verfügung stellte. Fast alle Werke des großen Dichters wurden hier uraufgeführt, und Molière stand sozusagen bis zu seinem letzten Atemzug auf den Brettern dieser Bühne. Heute werden immer noch in erster Linie Klassiker inszeniert, aber auch Stücke von Brecht und Sartre standen schon auf dem Programm. Saison von Oktober bis Juni; Vorstellungen mi nachm. und jeden Abend außer mo.
Die Einkaufspassage Galerie Véro-Dodat (Rue Jean-Jacques Rousseau 19) wurde 1826 von den beiden Metzgern Véro und Dodat eröffnet. Noch immer besticht die stille, überdachte Gasse durch schöne Schachbrett-Pflasterung und dunkle, mit Messing abgesetzte Holzvitrinen. In Nummer 24 der Antiquitätenhändler Capia, dessen Porzellanpuppen zu den ältesten im Lande gehören. Anfang des 19. Jh. öffnete die Galerie Vivienne (Rue de Petits-Champs 4), heute schicke Geschäfte (Stoffe, Innendekoration, Kinderladen). In der Galerie Colbert aus gleicher Zeit die Boutique Colbert mit Postkarten und Faksimiledrucken aus der benachbarten Bibliothéque Nationale (in einem Hôtel aus dem 17. Jh., im 19. Jh. ausgebaut). Das renovierte »Grand Café Colbert« erinnert an die Jahrhundertwende, und in der Rotonde werden Drucke und Fotografien ausgestellt.
Nicht weit entfernt die im Ursprung klassizistische Wertpapierbörse (1808–1826), Anfang des 20. Jh. erweitert, ein ›Tempel des Geldes‹.

Musée du Louvre ⑤

Der Louvre-Palast, bereits seit 1793 ein öffentliches Museum, umfaßt heute sechs Abteilungen und ein Kupferstichkabinett. Was ursprünglich als Festung konzipiert wurde, wird seit 1981 nach museologischen Gesichtspunkten erweitert und renoviert. Die anfangs umstrittene Glaspyramide gehört inzwischen zum Stadtbild von Paris, und in die darunter gelegene funktionelle Eingangshalle mit schwungvoller Treppe drängen Tausende von Besuchern.
Der neue Richelieu-Flügel besticht durch seine überdachten Innenhöfe ›Marly‹ und ›Puget‹; hier ist die französische Monumentalplastik untergebracht. Aber auch der Chorsabad-Hof beeindruckt mit überdimensionalen Stierskulpturen aus dem assyrischen Palast König Sargons II. Inzwischen sind 52000 Quadratmeter Ausstellungsfläche zugänglich, aufgeteilt in drei Flügel, ›Denon‹, ›Sully‹ und ›Richelieu‹, und sieben Abteilungen. Bis 1997 werden 60000 qm zugänglich sein, und auch der Tuileriengarten ist dann neu angelegt.
Ziel der Renovierungsarbeiten des Grand Louvre ist es, das ›größte Museum der Welt‹ übersichtlich zu gestalten und seinen Zugang zu erleichtern. Allerdings werden die Grenzen bei fünf Millionen kunstbeflissenen Besuchern pro Jahr erreicht sein, weshalb schon abzusehen ist, daß das ehemalige ›Museum der Republik‹ trotz Milliardeninvestitionen bald wieder aus allen Nähten platzen wird (geöffnet tgl. außer di 9–18 Uhr, mo und mi Richelieu-Flügel bis 22 Uhr).

Centre Pompidou ⑥

1977 wurde das vom ehemaligen Staatspräsidenten Georges Pompidou mitkonzipierte Museum für Moderne Kunst eröffnet, ein jahrelang umstrittener Glas- und Röhrenbau. Pompidous Wunsch war es, neue Bevölkerungsschichten an die moderne Kunst heranzuführen. Heute ist das Centre das meistbesuchte Museum der Stadt: Im Eröffnungsjahr zählte man über sechs Millionen, heute hat es mit acht Millionen Besuchern pro Jahr sogar den Eiffelturm überflügelt (geöffnet tgl. außer di von 12–22 Uhr, sa, so und an Feiertagen von 10–22 Uhr).
Trotz bereits durchgeführter Renovierungen ist man diesem Ansturm nicht gewachsen, und so wird erneut gründlich umgebaut. Derzeit besitzt das Museum rund 30000 Werke, von denen aber nur 1500 bis 2000 gezeigt werden können. Deshalb muß unbedingt neue Ausstellungsfläche für die Schätze des Kubismus, der Fauves, des Surrealismus, aber auch der zeitgenössischen Kunst geschaffen werden. Bis dahin bleibt die ständige Ausstellung moderner Kunst im 4. Stock; die Wechselausstellungen finden im 5. Stock statt, und Zeitgenössisches ist im 3. Stock zu sehen.
Die Piazza an der Westseite des Centre ist beliebter Treffpunkt und Aktionsfläche für Akrobaten, Gaukler und andere Straßenkünstler. Hinter dem Centre, im Impasse Bertrand, das Puppenmuseum von Paris (Puppen von 1860–1960; geöffnet mi bis so von 10–13 und 14–18.30 Uhr).
In den Glaswänden des umstrittenen Forum des Halles spiegelt sich die für ihre Konzerte bekannte gotische Kirche *St. Eustache* (1582–1640).

Couscous, T

So manche Pariser Institution konnte sich in die Moderne hinüberretten, »Chartier« zum Beispiel. Manchmal mußte allerdings auch der Staat eingreifen, um architektonisches Erbe zu bewahren. Das Marais-Viertel wurde so vor dem Verfall gerettet, hat aber bei der Sanierung auch ein bißchen von seiner alten Seele gelassen. Das einfache Volk kann die Mieten in den renovierten Adelspalästen nicht mehr bezahlen und machte ›In‹-Läden Platz. Ähnlich wird es im Norden der Stadt sein, wenn das Ausländerviertel rund um Barbés erst einmal aufpoliert ist. Vorbei sind dann die Zeiten, da die Rue de la Goutte d'Or nach Garküchen roch oder im Restaurant am Boulevard de Rochechouart Couscous serviert wurde. Bislang allerdings verirrt sich nur selten ein Tourist von Sacré-Cœur hierher ins arabisch-afrikanische Paris.

Foto: Im Restaurant »Chartier«, Rue du Faubourg Montmartre.

...ora und Neongeglitzer

△ Erinnerung ans Mittelalter: Hôtel de Sens

In Silber stöbern: in der Rue des Francs-Bourgois ▽

Schon im Mittelalter lebten rund um die Rue des Rosiers die Juden ▽

Hôtel Salé: Köpfe im Picasso-Museum ▽

Wo Matze und Thora immer noch zum Alltag gehören

Wer als geschichtsbewußter Deutscher durch die Rue des Rosiers schlendert, wird nachdenklich: Über der koscheren Metzgerei prangt der Judenstern, und in der Bäckerei wird Matze verkauft. Das Pariser Judenviertel ist nur einen Katzensprung vom hektischen Boulevard Saint-Antoine und von den schicken Läden des Marais entfernt. Doch hier herrscht eine Atmosphäre der Ruhe, die angenehm überrascht. Dem Flaneur klingt Jiddisch ans Ohr, fußballspielende Jungs haben die Kipa auf dem Kopf, und ehrwürdige Herren mit schwarzem Hut, Gehrock und dichtem Bart stehen plaudernd beieinander.

Die jüdische Gemeinde von Paris hat beeindruckende 400 000 Mitglieder. Sie leben natürlich nicht alle im Marais-Viertel, sondern auch in anderen Teilen der Stadt und bevorzugt in Belleville. Doch immer wieder zieht es sie ins ehemalige Getto des Mittelalters, wo der Goldschmied auch heute siebenarmige Leuchter verkauft und wo im Buchladen Exemplare des Talmud ausliegen.

Die engen Gassen haben schon manches gesehen. Unübersehbare Staatsmacht, als die französische Politprominenz nach dem Anschlag 1982 demonstrativ-solidarisch die erstklassigen jüdischen Spezialitäten bei »Goldenberg« genoß. Oder heimliches Wirken. So soll hier einst ein gewisser Leib Bronstein gesehen worden sein, der später unter einem Pseudonym berühmt geworden ist – als Leo Trotzkij, für einige Zeit neben Lenin der zweite Mann Sowjetrußlands.

△ Enge Rue des Rosiers im ehemaligen Getto, ... Weite auf der einst aristokratischen Place des Vosges ▽

Ein rauschendes Fest

Die Rettung des ehemaligen Adelsviertels Marais verdankt Paris André Malraux, der es mit seinem sogenannten Ensemblegesetz ermöglichte, historisch und ästhetisch wertvolle zusammenhängende Stadtteile zu sanieren. Was in den sechziger Jahren begann, ist inzwischen nahezu abge-

Über Notre-Dame-de-Lorette hinauf zur Sacré-Cœur: Blick aus der Rue Laffitte

△ Bis zur Sacré-Cœur ist manche Stufe zu überwinden ▽

△ Das Grab von Emile Zola auf dem Montmartre-Friedhof

△ Montmartre-Maler

Jugendstil: Metro-Station Abesses ▽

schlossen. Wer durch die Rue des Francs-Bourgeois, die Rue Vieille-du-Temple und die Rue des Archives schlendert, wird aber hier und da noch auf Baustellen stoßen, auf denen ehemaligen Hôtels, wie die Adelspaläste in Paris genannt werden, zu ihrem alten Glanz verholfen wird. Fast 200 Jahre lang hatten die Pariser das einstige Prachtviertel vergessen. Zwar hatten sich schon unter Karl V. hier in dem ehemaligen Sumpfgebiet – ›Marais‹ bedeutet Sumpf – noble Familien angesiedelt. Der eigentliche Aufschwung kam aber erst, als Heinrich IV. beschloß, die Place Royale, die heutige Place des Vosges, anlegen zu lassen – als Turnier- und Exerzierplatz. Heute liegt in seiner Mitte eine Grünanlage, wo Kinder spielen und junge Mütter auf den Bänken in der Sonne sitzen.

Eingeweiht wurde die Place Royale 1612 allerdings von Ludwig XIII., nachdem Heinrich einem Attentat zum Opfer gefallen war. Bedeutender Anlaß für das rauschende Einweihungsfest war die Doppelhochzeit Ludwigs XIII. mit Anna von Österreich und seiner Schwester Elisabeth mit Philipp IV., dem späteren König von Spanien. Unter Ludwigs Herrschaft sollte der Marais sich dann zu voller Blüte entfalten.

Repräsentativ mußte es sein

Es dauerte nicht lange, und der Adel und die bürgerliche Elite der Stadt siedelten sich in dem Viertel an. Grafen und Herzöge, Bankiers und Juristen, aber auch Künstler und geistreiche Kokotten ließen sich in prächtigen Stadtpalais nieder. Doch die soziale Mischung des Viertels – Adel, Bürgertum und Handwerk – blieb dennoch bestehen. Der älteste erhaltene Palast, das Hôtel de Sens, entstand schon Ende des 15. Jahrhunderts und zeigt noch hochgotische Stilmerkmale.

Das Hôtel Carnavalet ist ein Beispiel für einen Stadtpalast aus der Renaissancezeit, in dem später die elegante Madame de Sévigné wohnen sollte – von hier hat sie auch ihre berühmten und

△ Der Name blieb: »Moulin Rouge« an der Place Pigalle

Ein Brückenkopf Afrikas: ... ▽

... Rue de la Goutte d'Or ▽

△ Montmartre verkam zum Massenbetrieb: Busse an der Place Pigalle

An der Place Stalingrad ▽

Die Rotonde de la Villette gehört zu der vorrevolutionären (und dennoch so genannten) Revolutionsarchitektur ▽

bis heute interessanten Briefe über das Versailler Hofleben zu Zeiten Ludwigs XIV. an ihre Tochter geschrieben. Doch bereits das Hôtel de Sully ist typisch für den Stil Louis-treize mit Ehrenhof, großem Eingangsportal und einem Wohntrakt, der auf den Garten führt. Im Hôtel de Soubise ist jetzt das Nationalarchiv untergebracht, und im Hôtel Salé das Picasso-Museum zu finden.
Stets gilt es, schwere Tore aufzustoßen, um geheimnisvolle Höfe und versteckte Gärten zu entdekken. Der Bummel durchs Marais ist abwechslungsreich, denn zu würdevoller Architektur gesellen sich ausgefallene Läden. Längst haben Modeschöpfer, Blumenbinder und Schmuckdesigner den Weg in das attraktive Viertel gefunden und leben jetzt in den Ateliers und Wohnungen, aus denen Handwerker und Kleinbürger wegen zu hoher Mieten weichen mußten.

Zwischen Reben und Kunst

›Die Aussicht vom Montmartre hat wirklich etwas Erhebendes, die ungeheure Stadt auf einmal und in solcher Nähe zu übersehen ... ‹, schrieb Ludwig Uhland 1810. Bis heute hat sich an dieser Feststellung wohl nicht viel geändert, denn der Montmartre bleibt eine der Attraktionen der Stadt. Und so pilgern, fahren, schieben sich jährlich Millionen Touristen hinauf zum Märtyrerberg. Der Heilige Dionysius soll von hier aus mit seinem Kopf unter dem Arm in Richtung Saint-Denis aus der Stadt gewandert sein. Heute wandert man am besten über die Rue Lepic oder über eine der steilen Treppen hinauf zur leuchtend weißen Zuckerbäckerkirche Sacré-Cœur.
Zu Beginn des Jahrhunderts hatte sich im inzwischen abgerissenen Bateau Lavoir jene Künstlergemeinschaft angesiedelt, die später dem Kubismus zum Durchbruch verhalf. Picasso malte hier die berühmten ›Demoiselles d'Avignon‹, und Modigliani porträtierte Max Jacob. Heute lassen sich die Touristen auf der Place du Tertre scharen-

△ Parc de la Villette: das Kugelkino Géode und am Eingang der Explora ▽

△ Eisenkonstruktion ›Folies‹ … … und ›Cité de la Musique‹ im Wissenschafts- und Technikmuseum La Villette ▽

△ Parc des Buttes-Chaumont: Die ›Selbstmörderbrücke‹ führt hinüber zum Aussichts-Tempelchen auf teilweise künstlichem Fels

△ Mehr als 2000 Händler versuchen ihre Waren an den Mann zu bringen: Marché aux Puces an der Porte Clignancourt ▽

weise von oft zweitklassigen Malern auf der Leinwand verewigen, und auf der Treppe zu Füßen von Sacré-Cœur trifft sich die Jugend der Welt zu Bier und Gitarrenklang.
Dennoch hat sich der Hügel seine Eigenständigkeit zu bewahren gewußt: Noch immer existiert die ›freie Gemeinde des alten Montmartre‹, zu der auch ein Weinberg gehört, und wer auf der ›Butte‹ wohnt, betrachtet andere Parisbewohner mit einer gewissen Herablassung. Und er blickt auf das hinab, was Paris vor Generationen den Ruf überschäumender Lebenslust einbrachte. Einst renommierte Lokale versuchen allabendlich, mit ihren Shows und Revuen an alte Zeiten anzuknüpfen. Doch das meiste ist Touristennepp, nicht anders als in anderen Großstädten.

Eine Stadt der Wissenschaften

Spielend Wissenschaft und Technik entdecken, fasziniert sein von ihren Errungenschaften – wer sich das bisher schlecht vorstellen konnte, sollte sich einen Besuch des Technologiemuseums La Villette gönnen. Dort wird er garantiert eines besseren belehrt. Die riesige Anlage in La Villette, einem Stadtviertel im Nordosten von Paris, ist das größte Wissenschaftsmuseum der Welt, ein Tummelplatz für ›Technikfreaks‹, aber auch für diejenigen, die bisher keinen Zugang zur Welt der Technik hatten. Hier darf sie nicht nur angeschaut, sondern auch angefaßt werden. Ein aufregendes Experimentierfeld auch für Kinder, die man in einer speziellen Abteilung spielerisch an die Materie heranführt. Die Eltern sehen sich indessen in Ruhe die ›Explora‹ an oder eine der über zehn Sonderschauen. Flugsimulator, Airbus-Cockpit, Raumfahrtstation, das französische U-Boot ›Argonaute‹ – das sind nur einige der vielen Sehenswürdigkeiten. Einen Besuch wert ist auch das Planetarium mit seinem ›Starball‹: Die drehbare Metallkugel projiziert mittels 10 000 kleiner Teleskope den Sternenhimmel auf die Kuppel mit ihren 21 Metern Durchmesser.

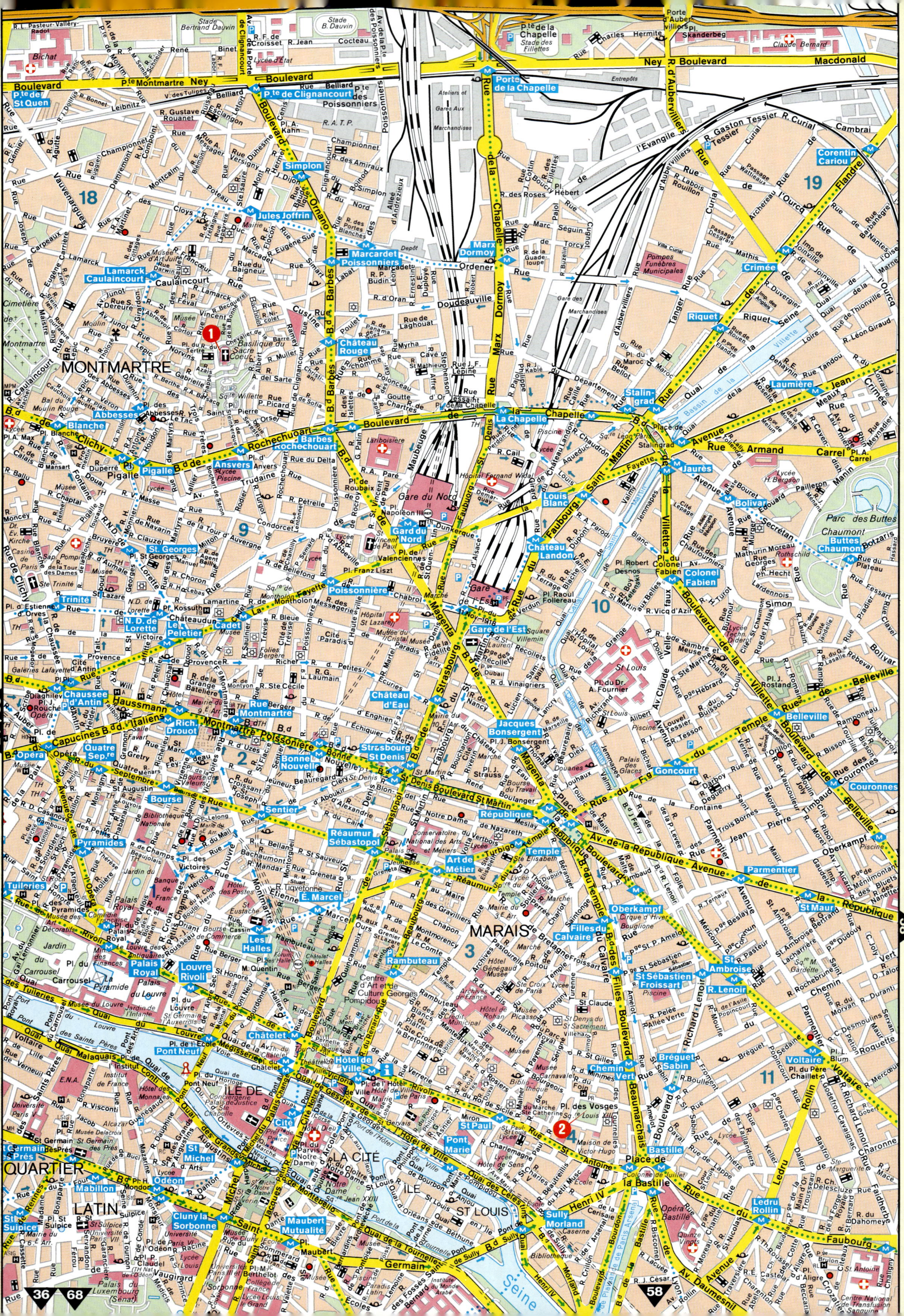
MONTMARTRE
MARAIS
QUARTIER LATIN
ÎLE DE LA CITÉ
ÎLE ST LOUIS
Gare du Nord
Gare de l'Est
Seine
Parc des Buttes Chaumont
Bassin de la Villette
Boulevard Ney
Boulevard Macdonald
Boulevard de Magenta
Boulevard de Strasbourg
Boulevard Barbès
Boulevard de la Villette
Boulevard Beaumarchais
Rue de Rivoli
Rue La Fayette
Rue du Faubourg St Denis
Place de la République
Place de la Bastille
Pl. des Vosges
Opéra
Louvre
Palais Royal
Châtelet
Hôtel de Ville
Pont Neuf
Notre Dame
Centre Georges Pompidou
République
Strasbourg St Denis
Barbès Rochechouart
Pigalle
Blanche
Abbesses
Lamarck Caulaincourt
Jules Joffrin
Simplon
Porte de Clignancourt
Porte de la Chapelle
Marx Dormoy
Stalingrad
Jaurès
Belleville
Goncourt
Parmentier
Oberkampf
Bastille
Ledru Rollin
Sully Morland
St Paul
Pont Marie
St Michel
Odéon
Maubert Mutualité
Cluny la Sorbonne
18
19
10
9
2
3
11
4
Maßstab 1:20.000
0
200
400
600
800 m
24
36
58
68

Wo gibt es was?

Nadelnummer = Textnummer

Sacré-Cœur ①

Nach wie vor lohnt sich eine Besteigung des ursprünglich Kriegsgott Mars geweihten Montmartre-Hügels – nicht nur wegen der bei Architekturkritikern durchweg abgelehnten, von den Parisbesuchern dennoch heißgeliebten weißen Kuppelkirche Sacré-Cœur. Ihr Bau war zum Dank dafür beschlossen worden, daß der Krieg 1870/71 für Frankreich mit relativ erträglichen Folgen beendet werden konnte; erst 1919 wurde sie endlich eingeweiht. Sehenswert sind auch die engen Gassen, die romantischen Treppen und die versteckten Restaurants, die es immer noch gibt.
Auf dem Friedhof St. Vincent steigen Erinnerungen an alte Montmartre-Bewohner auf: Eugène Boudin, Marcel Aym und natürlich Utrillo, der sich hier auf der ›Butte‹ zu Tode getrunken hat. Im Musée de Montmartre (geöffnet tgl. außer mo von 11–18 Uhr) wird die Geschichte des weltbekannten Hügels erzählt. Das ›Espace Salvador Dalí‹ ist der phantastischen Welt des spanischen Malers (1904–1989) gewidmet (tgl. 10–18 Uhr geöffnet).
Zwischen Place de Clichy und Place Pigalle samt seinen Seitenstraßen spielt sich das Nachtleben ab, für das der Bezirk einst berühmt-berüchtigt war. Weiter nördlich, schon an der Peripherie (außerhalb der Detailkarte), liegt eine ganz andere Touristenattraktion: der ›Marché aux Puces‹. Dieser wohl bekannteste Flohmarkt von Paris zwischen der Porte de Clignancourt und der Porte St. Quen besteht eigentlich aus mehreren Märkten mit unterschiedlichem Angebot. Er geht auf die sogenannte ›Zone‹ zurück, die außerhalb der Stadtmauer lag (heute jenseits des Autobahnrings), wo im 19. Jh. Clochards, Lumpen- und Eisenhändler ihre Ausbeute verscherbelten. Erst 1920, als die Stadtmauer abgerissen wurde, entstand der eigentliche Flohmarkt. Inzwischen wandern bis zu 300 000 Neugierige, Touristen, Antiquitätenhändler und exzentrische Gestalten an den Wochenenden über die einzelnen Märkte. Der Marché Vernaison entstand 1920 und bietet neben Antiquitäten auch Kopien; hier gilt es aufzupassen. Der Marché Biron beherbergt heute rund 200 Stände; von Möbeln aus der Zeit Napoleons III. bis zu Rustikalem findet man fast alles. Auf dem Marché Malik wird Secondhand-Kleidung angeboten, auf dem Marché des Rosiers herrschen die Jahrhundertwende und der Art-déco-Stil vor, und der Marché Serpette hat die Möbel der dreißiger und inzwischen auch der fünfziger Jahre im Angebot. Wer noch richtig wühlen will, sollte über die Märkte Paul-Bert und Jules-Vallès schlendern, und alle Flohmarktgänger sollten es nicht versäumen, bei »Louisette« (Marché Vernaison) oder ins »Paul Bert« (Rue Paul-Bert) vorbeizuschauen, denn hier trifft sich die polyglotte Welt, die jedes Wochenende die ›Puces‹, das Flohmarktgelände, bevölkert.

Place des Vosges ②

Die ehemalige Place Royale, Herzstück des Quartier du Marais, geht auf Heinrich IV. zurück. Der in sich geschlossene Platz gehört zu einer der Oasen von Paris. Fern dem Trubel der breiten Boulevards findet der Besucher hier unter den Arkaden der 36 Pavillons kleine Antiquitätengeschäfte, Galerien, Restaurants und ein Geschäft mit den berühmten Drucken aus Epinal, den ›Images d'Epinal‹ (Bilderbögen, eine ›Frühform‹ der Comics aus dem 19. Jh.). Im Eckhaus Nr. 6 hat von 1832 bis 1848 der Dichter Victor Hugo gewohnt; das kleine Victor-Hugo-Museum erinnert daran (geöffnet tgl. außer mo von 10–17.45 Uhr).
Im Marais entstanden die Hôtel genannten Stadtsitze des Adels (im Gegensatz zu den königlichen Palais); viele blieben erhalten wie das Hôtel de Sens (bis 1507; Rue de Figuier 1), das Hôtel d'Aumont (bis 1656; Rue de Jouy 7), das Hôtel de Beauvais (bis 1660; Rue François-Miron 68), das Hôtel de Soubise (bis 1709; Rue des Francs-Bourgeois 60, heute französisches Nationalarchiv), das Hôtel Lamoignon (bis 1598; Rue Pavée 24, heute stadtgeschichtliche Bibliothek von Paris), das Hôtel de Rohan (1705; Rue Vieille-du Temple 87) oder das Hôtel de Sully (1625; Rue Saint-Antoine 62).
Seit 1985 ist in einem der prächtigsten Stadtpaläste des Marais das Picasso-Museum untergebracht. Das sogenannte Hôtel Salé wurde im 17. Jh. für Aubert de Fontenay, den Salzsteuereintreiber des Königs, erbaut und zu Anfang der achtziger Jahre geschickt renoviert, um Picassos Werk gerecht zu werden: 229 Gemälde, 137 Plastiken, 34 Collagen, 85 Keramiken und über 3000 Zeichnungen und Drucke. Ein großer Teil davon ist in chronologischer Folge ausgestellt, so daß ein Überblick über alle Schaffensperioden des Künstlers möglich ist. Einfallsreich angebrachte Durchblicke, verschiedene Treppen und ein überdachter Innenhof machen den Rundgang durch das Museum besonders abwechslungsreich und verbinden das moderne Œuvre des Malers mit der traditionsreichen Architektur des Stadtpalastes (Rue de Thorigny 5; geöffnet tgl. außer di 9.30–18 Uhr, so bis 17.30 Uhr).
Das Hôtel Carnavalet (16. Jh.) beherbergt heute das Historische Museum von Paris. Seit 1989 ist es mit dem angrenzenden Hôtel Le Peletier de Saint-Fargeau verbunden und erzählt mit über 500 000 Ausstellungsstücken die Geschichte der Stadt Paris von der Frühgeschichte bis in die Neuzeit. Bis ins frühe Mittelalter stützt sich die Ausstellung dabei vor allem auf Ausgrabungen und Schriften. Für die nachfolgenden Zeiten sind dann aber ganze Zimmereinrichtungen, herrliche Gemälde und zahlreiche innenarchitektonische Elemente zu sehen, die die jeweilige Atmosphäre einer Epoche wiedergeben (Rue de Sévigné 23; geöffnet tgl. außer mo und an Feiertagen von 10–17.40 Uhr). Die Rue des Rosiers erlangte 1982 traurige Bekanntheit, als hier ein blutiger Anschlag auf das jüdische Restaurant Jo Goldenbergs (Ecke Rue Férdinand Duval) verübt wurde. Inzwischen hat das Judenviertel wieder seine ganz eigene Atmosphäre gefunden. Wer sich mit einem Imbiß stärken möchte, sollte die gefüllten Teigtaschen ›Falafel‹ probieren.

Parc de la Villette

Ab 1977 begann man, das halbfertige Gebäude des vorzeitig aufgegebenen Schlachthofes in ein Museum umzuplanen. Entstanden ist die 3,5 Hektar große Wunderwelt der *Cité des Sciences et de l'Industrie*, ein nach modernsten Gesichtspunkten angelegtes Wissenschafts-, Industrie- und Technik-Museum (in Verlängerung des Bassin de la Villette nordöstlich außerhalb der Detailkarte).
Neben seiner ständigen Ausstellung ›Explora‹ werden rund zehn Sonderschauen angeboten – eine überreiche Auswahl, für die man reichlich Zeit einplanen sollte. Zum besseren Verständnis der oft kompliziert wirkenden technischen Vorgänge und Ausstellungsstücke dient ein Kopfhörer, der über Infrarot-Empfänger in unzähligen Sprachen Auskunft gibt (geöffnet tgl. außer mo 10–18 Uhr, so bis 19 Uhr).
Besonders anziehend ist auch die Kinokugel Géode (36 m Durchmesser), deren Innenraum mit einer 1000 Quadratmeter großen hemisphärischen Kinoleinwand bestückt ist. Der Zuschauer befindet sich, halb liegend, im Zentrum des Geschehens, denn die dreidimensionale Vorführung der Filme (Omnimax) hebt den Abstand zum Betrachter auf – ein aufregender Kinobesuch.
La Villette umfaßt außerdem noch die Cité de la Musique mit Auditorium, Konservatorium und Musikinstrumentemuseum, den Rocktempel »Zenith«, die Grande Halle und die roten Eisenkonstruktionen ›Folies‹ (deutsch ›Verrücktheiten‹).

Fontainebleau
Fabrication
Maison
Extra
boursin

Paris bleibt die Hauptstadt der Gastronomie. Nicht nur wegen seiner stattlichen Anzahl von ›Sterne‹-Lokalen, sondern auch wegen des reichhaltigen Angebotes für jedermann, das nach wie vor auf den Märkten kunstvoll aufgebaut wird. Da kann ein Viertel noch so sehr im Aufbruch sein wie beispielsweise das 11. Arrondissement rund um die Bastille, der Wochenmarkt überlebt. Hinzu gesellen sich neue Einflüsse, etwa das ›asiatische‹ 13. Arrondissement, das mit einer Fülle chinesischer und vietnamesischer Restaurants und exotischen Märkte lockt.

Foto: Zu den alten Wochenmärkten gehört der des Bastille-Viertels auf der Place d'Aligre.

Der Osten im Umbruch

△ Die Siegessäule vor der Bastille-Oper erinnert an den Sturz König Karls X. im Juli 1830

Verbindung von alt und neu: Oper und Siegessäule ▽

Die Polizei als Helfer ▽

△ Alles, was eßbar ist, kann man auf den Wochenmärkten von Paris finden: . . . . . . Marché Place d'Aligre ▽

Mit dem Angebot der Natur voraus: Blumen auf der Place d'Aligre ▽

Traditionell und ›trendy‹: das Bastille-Viertel

Die Bastille – das neue Trend-Viertel von Paris? Sicherlich haben die internationalen Kommentatoren recht, wenn sie immer wieder vom Umbruch im Bastille-Viertel berichten. Wer in den Faubourg Saint-Antoine einbiegt, wird jedoch immer noch einen Möbelladen neben dem anderen entdecken, schmale Häuser mit engen Hinterhöfen, und auch die Spuren der Armut sind nicht zu übersehen. In den Seitenstraßen leben alteingesessene Handwerkerfamilien, und man wähnt sich hier eher in einer Kleinstadt als in der Weltstadt Paris.

Für die frei werdenden Betriebe und Wohnungen der hier seit langem ansässigen Handwerksfamilien begann sich vor einigen Jahren die Pariser Szene zu interessieren – Künstler, Modefachleute, Galeristen. Sie bauten die verlassenen Werkstätten zu lichten Ateliers und trendgestylten Wohnungen um.

In die berühmte Rue de Lappe zog es früher schon gern ein gemischtes Publikum, Künstler, Ganoven, leichte Mädchen und ›feine Leute‹, die etwas erleben wollten. Edith Piaf und Jean Gabin amüsierten sich in den Music Halls. Das Publikum ist noch immer gemischt. Die Freizeitkultur hat sich geändert: Heute tanzt die ›Jeunesse dorée‹ zu Afro-Rhythmen, und wer mitreden will, muß in den neuen Kunstgalerien rund um die Rue de Charonne gewesen sein.

Einst gärte es gefährlich

Noch ist der ›Dunstkreis‹ der ›neuen‹ Bastille-Bewohner mit ihren gestylten Bistros und den postmodern eingerichteten Boutiquen relativ klein und beschränkt sich, grob gesehen, auf ein Viereck zwischen Bastilleplatz, Rue Keller und Faubourg Saint-Antoine. Dahinter und rund um die Place d'Aligre ist die alte Pariser Welt noch in Ordnung. Hier riecht es nach Muff und überbelegten Wohnungen. Man

△ Grün an den Alleen des Jardin des Plantes ...

... und auf den Dächern des bizarren Sportpalastes ▽

△ Der Jardin des Plantes, ein beliebtes Freizeitziel

△ Wuchtig ragt der Bau des neuen Finanzministeriums bis über die Seine

△ Tropische Pflanzen schützt der Wintergarten im Jardin des Plantes

Balzac-Grab auf dem Friedhof Père-Lachaise ▽

hört die Säge des Möbelschreiners kreischen. Die Emigranten leben friedlich Seite an Seite mit den alten Bewohnern des Bastille-Viertels, die traditionell zum ärmeren Teil der Pariser Bevölkerung gehören. Jahrhundertelang nahmen die Pariser Revolten hier ihren Ausgang. 1789, das ist inzwischen ausgiebig gefeiert worden, wurde das alte Bastille-Gefängnis an jenem Platz gestürmt, an dem heute die ›Volksoper‹ von Präsident Mitterrand prangt. 1848 stand unweit davon die höchste Barrikade der Februarrevolution. Und immer noch führen die Protestmärsche der französischen Linken und der Gewerkschaften selbstverständlich über diesen geschichtsträchtigen Platz. 1981, nach dem Sieg Mitterrands, explodierte dort die Freude der Anhänger des Sozialisten, und vielleicht ist das auch mit ein Grund, weshalb er sich gerade hier ein Denkmal in Form einer Volksoper setzen wollte.

Musen, Finanzen und Sport

Die Opéra de la Bastille ist immer noch heftig umstritten. Viele empfinden sie als unerwünschten modernen Störenfried in einem uralten Viertel. Auch ihre gigantischen Ausmaße sind ein Stein des Anstoßes. Dabei wirkt ihre Fassade am Platz eher bescheiden, vor allem, wenn man bedenkt, welche Fülle von Bühnen und Veranstaltungsräumen sie birgt. Kritik entzündet sich auch an den hohen Eintrittspreisen, denn was als ›Volksoper‹ konzipiert wurde, ist heute nur für die ›happy few‹, den Kreis der Gutbetuchten, erschwinglich.
Schon 1981 war beschlossen worden, das französische Wirtschafts- und Finanzministerium aus dem Louvre auszusiedeln und neue Gebäude zu schaffen, die endlich alle 6500 Angestellten der Behörde aufnehmen können. Im Zuge der Aufwertung des Pariser Ostens – bislang hatten sich alle Industrie- und Handelssitze vorwiegend im Westen niedergelassen – wählte man als Standort das Viertel zwischen dem Gare de Lyon und dem Sportpalast Bercy. Dort entstand auf dreieinhalb

△ Das amerikanische Kulturzentrum in Bercy

Der Pariser Zoo im Bois de Vincennes ▽

△ Im Hof des Institut du Monde Arabe

In ›Chinatown‹ ▽

Schon etwas außerhalb: Flohmarkt in Montreuil ▽

Der Canal Saint-Martin wird zumeist für Ausflugsfahrten genutzt

Hektar eine Stadt in der Stadt, die nicht nur Arbeitsräume für den Minister und seine Mitarbeiter bereithält, sondern sogar Wohnungen, eine Kinderkrippe, einen Supermarkt und ein Bistro. Der Minister ließ sich nicht lumpen, und so baute man gleich noch eine Bootsanlegestelle und eine Hubschrauberlandeplattform dazu. Was die Architekten als monumentales Eingangstor für den Pariser Osten geplant hatten, entpuppte sich als Koloß, der sogar das benachbarte Palais Omnisport de Bercy zu erdrücken scheint. Bei seiner Eröffnung 1983 überraschte der moderne Sportpalast mit einem ungewöhnlich gestalteten Dach: Auf seinen Schrägen sproß Rasen. Er wächst noch heute dort. Um die grünen Flächen zu pflegen, wurde eigens ein Spezial-Rasenmäher entwickelt.

Chinatown an der Seine

Lange bevor die französischen Staatsgrößen im Osten von Paris Monumentalbauten errichten ließen, entstand bei der Porte d'Italie ein neues Wohnzentrum mit dreißigstöckigen Hochhäusern. Insgesamt 40000 Menschen leben heute im Viertel Italie, und einer von zwei Bewohnern ist asiatischer Herkunft. Die ersten, Flüchtlinge aus Südostasien, wurden in den siebziger Jahren in die Wohntürme zwischen Avenue d'Ivry und Avenue de Choisy eingewiesen. Die alteingesessenen Pariser Mieter waren längst aus dem Stadtviertel geflüchtet.
Die neuen Bewohner kamen aus Vietnam, Laos, Kambodscha und aus dem Reich der Mitte. Schnell bewahrheitete sich das Sprichwort der Khmer, ›so wenig, wie man das Wasser aufhält, so wenig kann man die Bande des Blutes lösen‹: Paris hat im 13. Arrondissement nun sein Chinatown mit rund 120 asiatischen Restaurants, chinesischen Wäschereien, vietnamesischen Bäckereien und dem Supermarkt von Tang Frères, wo es alles erdenkliche Exotische zu kaufen gibt. In den Auslagen der Geschäfte findet man bestickte Kimonos und Sojasprossen. Wenn man eintritt, hüllen einen die Düfte Asiens ein und machen Appetit.

BELLEVILLE
BERCY
Belleville
Pyrénées
Jourdain
Pl. des Fêtes
Télégraphe
St Fargeau
Pelleport
Gambetta
Goncourt
Couronnes
Ménilmontant
Parmentier
Temple
Oberkampf
Filles du Calvaire
St Maur
Père Lachaise
St Ambroise
St Sébastien Froissart
R. Lenoir
Philippe Auguste
Bréguet Sabin
Chemin Vert
Voltaire
Alexandre Dumas
Charonne
Bastille
Ledru Rollin
R. des Boulets
Faidherbe Chaligny
Avron
Buzenval
Maraîchers
Pte de Montreuil
Pte de Bagnolet
Nation
Sully Morland
Quai de la Rapée
Gare de Lyon
Reuilly Diderot
Picpus
Pte de Vincennes
Gare d'Austerlitz
Montgallet
Bel Air
Daumesnil
Dugommier
Bercy
Michel Bizot
Pte Dorée
St Marcel
Chevaleret
Quai de la Gare
Nationale
Pte de Charenton
Liberté
Cimetière du Père Lachaise
Opéra Bastille
Gare de Paris-Bercy
Palais Omnisports de Paris Bercy
Pitié-Salpêtrière
Jardin des Plantes
Bois de Vincennes
Lac Daumesnil
Porte de Bercy
Porte de Charenton
Porte de Vitry
Porte de la Gare
Porte de Picpus (Porte Dorée)
Seine
Boulevard Périphérique
Avenue Daumesnil
Cours de Vincennes
Bd de Picpus
Rue de Charenton
Boulevard de Belleville
Avenue de la République
Boulevard de Ménilmontant
Rue de Bagnolet
Boulevard Davout
Boulevard Mortier
Rue du Faubourg St-Antoine
Boulevard Diderot
Avenue Ledru Rollin
Quai de Bercy
Quai d'Austerlitz
Rue de Tolbiac
10
11
12
13
20
4
48
36
24
68
1
2
3
4
5
6
Maßstab 1:20.000
0
200
400
600
800 m

Wo gibt es was?

Nadelnummer = Textnummer

Canal Saint-Martin ①

Der Kanal wurde 1825 eingeweiht und verbindet in der Verlängerung des Canal de l'Ourcq, von dem Villette-Park kommend, die Seine-Mäander miteinander. Er verläuft in nord-südlicher Richtung und bedeutete damals für die Schiffer eine Abkürzung von zwölf Kilometern. Heute verschwindet er unweit der Place de la République unter breiten Boulevards und kommt erst wieder beim Bootshafen von Paris, dem Bassin de l'Arsenal (nettes Terrassenlokal), zum Vorschein. Seine Eisenbrücken, die alten Schleusen und auch die Fahrt durch den Tunnel machen eine Kanalfahrt zu einem lohnenden Ausflug. Die Berufsschiffahrt verirrt sich allerdings nur noch selten auf die altmodische Wasserstraße.
›Paris Canal‹ organisiert von Mitte April bis Mitte November dreistündige Fahrten über den Canal Saint-Martin: Abfahrt um 9.30 Uhr vom Quai Anatole-France (7. Arrondissement) und in die andere Richtung um 14.30 Uhr vom Parc de la Villette (Reservierung Quai de la Loire 21, Bassin de la Villette, 75019 Paris, Telefon 42409697).

Cimetière Père-Lachaise ②

Der 1804 gegründete und nach dem Beichtvater Ludwigs XIV. (Père La Chaise) genannte Père-Lachaise ist mit 47 Hektar (und 1,5 Millionen Gräbern) der größte Pariser Friedhof. Zugleich ist er auch der am meisten besuchte, denn hier fanden zahlreiche Persönlichkeiten ihre letzte Ruhe, unter ihnen Musiker (Chopin 11. Div., Bizet 68. Div.), Dichter (Proust 85. Div., Apollinaire 86. Div.), Maler (Delacroix 49. Div., Corot 24. Div., Modigliani 96. Div.), Schauspieler (Sarah Bernardt, Simone Signoret beide 44. Div.) und Sänger (Edith Piaf 97. Div., Jim Morrison). Die Grabmäler sind ungeheuer vielfältig und wurden teilweise von bekannten Künstlern gestaltet (David d'Angers, Garnier, Guimard u. a.). Wer ein bestimmtes Grab sucht, muß unbedingt einen Plan erstehen, den es am Haupteingang (Boulevard de Ménilmontant) zu kaufen gibt (geöffnet tgl. 7.30–18 Uhr bzw. 8–17.30 im Winter; so ab 8.30 Uhr).
Auf dem Friedhof erlosch 1871 an der ›Mur des Fédérés‹ der Widerstand der Kommunarden unter den Kugeln der Regierungstruppen.

Opéra de la Bastille ③

Die neue ›Volksoper‹, an der Bastille entstand nach Plänen des kanadischen Architekten Carlos Ott. Es ist ein zum Platz hin gewölbter Betonbau mit aufgesetzter Glasfassade, vor die ein Kubus gesetzt wurde, der an den ›Triumphbogen der Menschheit‹ in der Défense erinnern soll. Der neue Bau bietet auf seinen frei schwebend wirkenden Rängen 2700 Personen Platz und verfügt über eine ausgezeichnete Akustik. Der Clou der ›modernsten Oper der Welt‹ ist jedoch die Bühne: Sie verfügt über eine bewegliche Hauptbühne, die sich erhöhen, senken und verbreitern läßt, sowie fünf Nebenbühnen; auch der Orchestergraben ist beweglich. Außerdem liegen unter und über der Hauptbühne jeweils weitere fünf Probebühnen. Natürlich ist alles vollautomatisch, und so kann man in fünf Minuten 400 Quadratmeter Dekoration weghieven. Dennoch, so freuten sich die Spötter, mußte das Trojanische Pferd bei der Eröffnungsoper von Hand auf die Bühne geschoben werden.
Nach rund 2,2 Milliarden Francs Baukosten verschlingt die Volksoper immer noch Unsummen. Das hat sich auf die Eintrittspreise ausgewirkt: Ein Opernbesuch ist auch in der ›Volksoper‹ nur für die Besserverdienenden erschwinglich. Die Absicht Mitterrands, die Kunstform der Oper einem neuen, breiteren Publikum zugänglich zu machen, ist damit wohl gescheitert.
Vor der Bastille-Oper die Julisäule mit der goldenen Statue des ›Genius der Freiheit‹, 1840 zum Gedenken an die Julirevolution von 1830 eingeweiht. Ein lohnender Bummel führt durch die Bögen des Viadukts an der Avenue Daumesnil: Sie wurden renoviert und für Künstler und Kunsthandwerker eingerichtet.

Jardin des Plantes ④

Der Jardin des Plantes, der Botanische Garten, ist der älteste Park von Paris und geht auf die Konzeption Heinrichs IV. zurück. Unter Ludwig XIII. wurde er dann als Heilkräutergarten angelegt. Zu Zeiten Ludwigs XIV. schuf Colbert Lehrstühle für Botanik, Chemie und Biologie, die ihren Sitz im seit 1650 öffentlichen Jardin des Plantes erhielten. Als ›Jardin du Roi‹ war er im 18. Jh. ein Zentrum naturkundlicher Forschung in Europa. Den größten Aufschwung nahm die Anlage aber im 18. Jh., als Georges Buffon ihr Leiter war. Er schuf das *›Musée d'Histoire Naturelle‹* mit einer botanischen, einer zoologischen und einer geologischen Abteilung, Gewächshäusern und einer Menagerie. Die ›Grande Galerie‹ wurde nach neuesten museologischen Erkenntnissen völlig neu angelegt. Auf 6000 Quadratmetern kann der Besucher die Entwicklung der Erde und vor allem der Tierwelt nachvollziehen. Der spektakuläre Rundgang wird durch Lichteffekte besonders plastisch; den lehrreichen Abschluß bildet das Thema ›Bedrohte Tier- und Umwelt‹ (geöffnet tgl. außer di 10–18 Uhr, do bis 22 Uhr). Westlich benachbart die 1926 fertiggestellte Moschee (geöffnet tgl. außer fr) und ein ansprechendes türkisches Bad, das ›Hammam de la Mosquée‹, sowie das Institut du Monde Arabe, ein arabisches Kulturzentrum mit Bibliothek, Ausstellungen und einem Restaurant.

Palais Omnisport ⑤

Der neue Sportpalast von Paris liegt in einer acht Hektar großen Anlage auf dem Gebiet der ehemaligen Weinlagerhallen von Bercy. Der veränderbare Innenraum bietet 17000 Zuschauern Platz. Neben dem 5000 Quadratmeter großen zentralen Spielfeld, das zur Eisbahn werden kann, verfügt die Halle über zwei Fahrradpisten und eine Rennbahn für Leichtathletikwettkämpfe.
Außer Sportveranstaltungen finden hier auch Opernaufführungen und Rockkonzerte statt. An der Ecke Rue Pommard und Rue de Bercy liegt das *American Centre,* das amerikanische Kulturzentrum. Der kalifornische Architekt Frank Gehry gab dem Bau ein verschachteltes Aussehen, das entfernt an Häuser von Hundertwasser erinnert.

Bois de Vincennes ⑥

Napoleon III. trat den einst königlichen Besitz an die Stadt Paris ab mit der Auflage, aus den 995 Hektar einen öffentlichen Park zu machen. Heute wird eine Aufforstung des Parks vorangetrieben, und insgesamt 27 Kilometer Fahrrad-, Fußgänger- und Reitwege machen den Park zu einem idealen Naherholungsgebiet. Zwei große Seen, ein 15 Hektar großer Zoologischer Garten (geöffnet tgl. 9–17.30 Uhr), eine ständige Gartenschau (geöffnet tgl. 9.30–20 Uhr bzw. bis 19 Uhr im Frühjahr, bis 18 Uhr im Herbst, bis 17 Uhr im Winter) und eine Trabrennbahn vervollständigen das Freizeitangebot.
Das *Musée National des Arts Africains et Océaniens* an der Porte Dorée entstand 1931 anläßlich der Kolonialausstellung. Es zeigt Objekte aus Afrika und Ozeanien sowie ein reiches tropisches Aquarium. Im Erdgeschoß Zeugnisse aus dem ozeanischen Kulturkreis, im 1. Stock Werke aus Westafrika (Westflügel) sowie Ost- und Zentralafrika (Ostflügel), im 2. Stock nordafrikanische Kunst (geöffnet tgl. außer di 10–12 Uhr und 13.30–17.30 Uhr, sa und so 12.30 bis 18 Uhr; Aquarium 10–18 Uhr). Die asiatischen Sammlungen sind im *Musée Guimet* (Place d'Iéna) untergebracht.

Wo

Jean Paul Sartre und Simone de Beauvoir haben Saint-Germain weltberühmt gemacht. Picasso saß im »Dôme«, Utrillo in der »Coupole« am Boulevard de Montparnasse, und Cohn-Bendit hat mit seinen Jüngern den Boulevard Saint-Michel unsicher gemacht. Der Pariser Süden hat Geschichte. Er gibt sich, der Seine zugewandt, beschaulich, hinter dem Palais Bourbon politisch, makaber in den Katakomben an der Place Denfert-Rochereau und postmodern hinter dem Büroriesen von Montparnasse.

Foto: Ein typisches Pariser Café ist das »Café de Flore« am Boulevard Saint-Germain.

nruhige Geister saßen

△ Gedenktempel für die großen Söhne Frankreichs: Invalidendom . . .

. . . und Panthéon ▽

△ Einst königlicher Witwensitz: Palais du Luxembourg

△ Im Zentrum des Invalidendoms: Napoleons Grab

Königliche Frauengestalten auf den Terrassen ... ▽

... und griechische Sagenwelt an der Fontaine de Medicis: Luxembourg ▽

Häufig zu sehen: Geistlichkeit am Luxembourg ▽

Dem Adel folgten die Volksvertreter

Die Bewohner des Faubourg Saint-Germain fühlen sich wie eine große Familie. Zu ihr gehören seit langen Zeiten auch die ältesten Adelsfamilien Frankreichs, die immer noch hinter hohen Mauern ehrwürdigen Stadtpalästen vorstehen. Das Viertel erhielt sein aristokratisches Gepräge im 17. Jahrhundert, als Ludwig XIV. nach Versailles zog und der Marais damit an Schick verlor. Da begannen die Immobilienmakler auf dem linken Seine-Ufer zu spekulieren. Mit der zeitweiligen Rückkehr von Ludwig XV. nach Paris kam das Viertel endgültig in Mode. Rund um die altehrwürdige Kirche St. Germain-des-Prés wuchsen auf dem Vorstadtboden feine Fassaden: das Palais Bourbon und das Hôtel de Noirmoutier und das Hôtel de Broglie – die Aristokratie legte den Faubourg in Beschlag. Prinzen, Herzöge und Grafen, Staatsminister und königliche Ratgeber zog es in die Rues de Varenne, de l'Université, de Babylone. Man wohnte in der Rue de Grenelle, der Rue Vaneau und am Place Vauban.

Royalistische Republikaner

Heute flattert in dieser einst so royalistischen Gegend allerorten die republikanische Trikolore, denn auch die modernen Staatsdiener sind dem Charme der alten Paläste erlegen. So regiert der Premierminister seit 1958 im Hôtel Matignon, der Außenminister sitzt am berühmten Quai d'Orsay, und das Handelsministerium liegt in der Rue de Lille – von den im Palais Bourbon tagenden Parlamentariern einmal ganz abgesehen. Insgesamt 22 Ministerien und dazu zahlreiche staatliche Institutionen haben sich im Faubourg breitgemacht; auf die Aristokratie folgt allmählich die Bürokratie. Wo sich Minister wohl fühlen, so scheint es, können auch Diplomaten leben. Und so residieren die Deutschen im Hôtel Beauharnais, die Italiener im Hôtel de Galliffet und die

△ In den Straßencafés des Boulevard Saint-Germain trafen sich einst die Künstler

Abseits vom großen Trubel singt … ▽

… auf der Place Furstemberg ein Straßenmusikant ▽

△ Die Politessen von Paris arbeiten schnell und konsequent

△ Monumentalität und Pathos: Bourdelle-Plastiken im Museumsgarten

Büchermarkt Rue Brancion ▽

Schweizer im Hôtel de Chanac-Pompadour.

Was Staatsdienern und Botschaftern recht ist, kann den Künstlern nur billig sein. Seit eh und je haben sich im Umkreis von St. Germain-des-Prés Literaten und Dichter angesiedelt. Musset und Baudelaire lebten in der Rue de Beaune, Montherlant eilte zu galanten Treffen in die Rue de Verneuil, und Cocteau lebte im Hôtel Biron, als Rainer Maria Rilke dort Sekretär von Rodin war.

Auch heutige Schriftsteller, Filmemacher, Schauspieler, Sänger und Journalisten zieht es nach Saint-Germain. Ein bunt gemischtes Häuflein von Lokalpatrioten, das um keinen Preis das linke mit dem rechten Seine-Ufer vertauschen will. Sie haben nur ein bißchen Angst, daß die kleinen Buchläden, die Galerien und die Antiquariate allmählich von Modeboutiquen verdrängt werden.

In der Rue de Grenelle hat man dem 1944 gestorbenen Bildhauer und Graphiker Aristide Maillol ein angemessenes Denkmal gesetzt. Das Musée Maillol beherbergt auf 3000 Quadratmetern Ausstellungsfläche die Privatsammlung seines ehemaligen Modells Dina Vierni.

Außer den Skulpturen des Meisters sind Gemälde, Skizzen und Zeichnungen der Avantgarde des 20. Jahrhunderts ausgestellt.

Im Quartier Latin

›CRS SS‹, hallte es durch die Rue Guy Lussac, als die französische Spezialpolizei hier in einer gigantischen Straßenschlacht versuchte, Herr der Studentenrevolte vom Mai '68 zu werden. Damals hielt Daniel Cohn-Bendit flammende Reden, und die Studenten diskutierten nächtelang in der Sorbonne. Heute sitzt der ›rote Danny‹ im Frankfurter Stadtrat, und in der Studentenszene ist es ruhig geworden. Der bekannte ›Boul'Mich'‹ wurde von Billigläden überschwemmt, in der Rue de la Huchette riecht es nach arabischem Zuckerwerk, und griechische Kneipiers fertigen rund um die Uhr Touristenscharen ab. Nur im Jardin du Luxembourg scheint die Zeit stillzuste-

△ Die Galerie ›Fondation Cartier‹ zeigt moderne Kunst

△ Der Hochgeschwindigkeitszug TGV-Atlantique im Zielbahnhof Montparnasse

△ Unesco-Bau, École Militaire, Eiffelturm, Palais de Chaillot und Défense, ...

△ Postmoderne Place de Catalogne

Ensemble Atlantique auf dem Montparnasse ▽

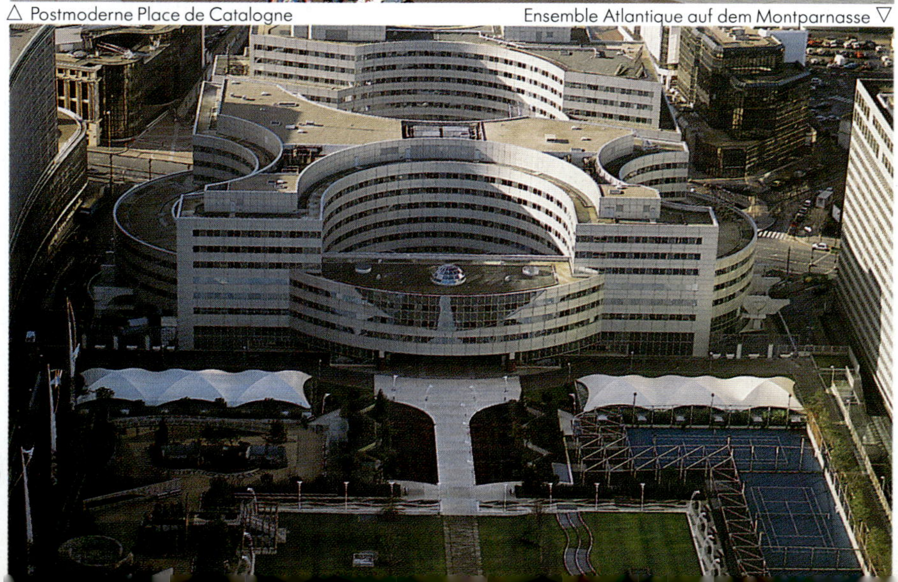

... Richelieu-Flügel des Louvre und Kirche Sacré-Cœur: zwei weite Blicke von der Tour de Montparnasse ▽

hen. Da sitzen nach wie vor junge Mütter in der ersten Frühlingssonne, Patres schreiten meditierend um Brunnenbecken, Studenten flüchten aus dem Dunkel der Bibliotheken hierher, und Liebespaare küssen sich selbstvergessen unter dem Blick steinerner ›Beobachter‹. Der ›Luco‹, wie der Volksmund den Park kurz nennt, ist noch immer eine stille Oase inmitten einer hektischen Stadt.

Allmählich zu Tode saniert?

In den Cafés, Bars und Ateliers von Montparnasse traf sich einst die Pariser Bohème mit Künstlern aus aller Welt. Die Amerikaner Ernest Hemingway, Ezra Pound und Man Ray lebten hier, auch Flüchtlinge aus Osteuropa bezogen Quartier. Heute hat auf dem ›Hügel von Parnassos‹ die Moderne mit aller Gewalt zugeschlagen. Die überdimensionale Tour de Montparnasse ist mit ihren 56 Stockwerken das unübersehbare Beispiel für jene Architektur der siebziger Jahre, die Höhe mit Schönheit verwechselte. Wo einst der Begriff Bohème geprägt wurde, wo Picasso malte und Modigliani sich zu Tode trank, werden heute Häuserzeilen restauriert, Kinos installiert und stilvolle Brasserien nobel aufpoliert.
Im Bahnhof, der die Hauptstadt noch immer mit der Bretagne verbindet – deshalb haben sich rund um Montparnasse auch so viele Bretonen mit ihren Buchläden und Crêperien angesiedelt –, steht blau-grau blinkend der französische Hochgeschwindigkeitszug, der TGV-Atlantique, und auf dem Dach wurde der ›Jardin Atlantique‹ angelegt. Dahinter, als Pendant zum Hochhaus gedacht, erhebt sich der Säulenkomplex des katalanischen Modebaumeisters Ricardo Bofill. Am Boulevard Raspail liegt die hypermoderne ›Fondation Cartier‹ mit zeitgenössischer Kunst.
Wer Ursprüngliches, Liebenswertes sucht, muß weiter gen Süden vordringen, wo rund um den Friedhof Montparnasse und in der Rue Daguerre noch etwas von der alten Atmosphäre zu spüren ist.

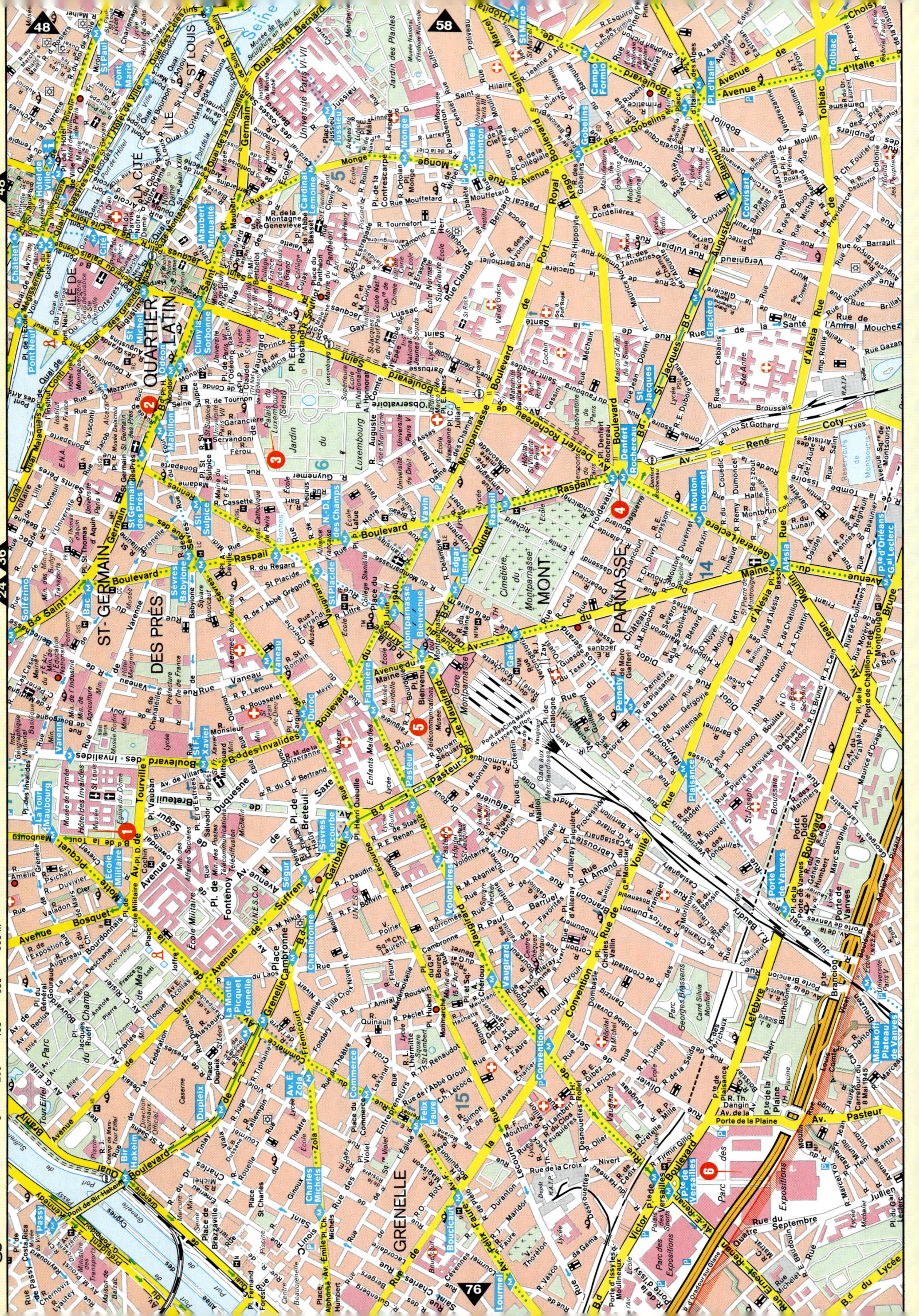
48
58
36
24
76
Seine
ÎLE DE LA CITÉ
ÎLE ST LOUIS
QUARTIER LATIN
ST-GERMAIN DES PRÉS
MONT PARNASSE
GRENELLE
Jardin du Luxembourg
Cimetière du Montparnasse
Gare Montparnasse
Parc Georges Brassens
Parc des Expositions
Jardin des Plantes
Boulevard Saint-Germain
Boulevard du Montparnasse
Boulevard Raspail
Boulevard de Port Royal
Boulevard Saint-Michel
Boulevard Pasteur
Boulevard Garibaldi
Boulevard de Grenelle
Avenue de Suffren
Avenue Bosquet
Avenue du Maine
Avenue d'Italie
Avenue des Gobelins
Rue de Vaugirard
Rue de la Convention
Rue Lecourbe
Rue d'Alésia
Rue de Rennes
Rue Monge
École Militaire
UNESCO
Hôtel des Invalides
Maßstab 1:20.000
0 200 400 600 800 m

Wo gibt es was?

Nadelnummer = Textnummer

Les Invalides ①

Das Hôtel des Invalides, die daran anschließende Kirche St. Louis-des-Invalides und der Dôme des Invalides mit dem Grab Napoleons I. gehören zu den meistbesichtigten Sehenswürdigkeiten von Paris. Ludwig XIV. ließ hier erstmals ein Krankenhaus bauen, in dem die verwundeten Soldaten des Königreiches gepflegt werden konnten.
Heute ist in einem Teil der weitläufigen Flügelbauten immer noch ein Krankenhaus, die alte Apotheke und ein Altersheim für Kriegsbeschädigte untergebracht, während im anderen Teil das Armeemuseum liegt.
Unter der hohen Kuppel des Domes, von dem Architekten Hardouin-Mansart erbaut (1679 bis 1706), steht der rote Porphyrsarg des französischen Kaisers. Der Dom gilt als einer der schönsten Kuppelbauten Frankreichs, hingegen kommt dem Grabmal Napoleons keine besondere kunsthistorische Bedeutung zu (geöffnet tgl. 10–17 Uhr).
Die benachbarte *École Militaire*, ein frühklassizistischer Bau (1759–1782), hatte schon Napoleon besucht.

St. Germain-des-Prés ②

Die Kirche ist die älteste der Pariser Kirchen. Schon der Merowinger Childebert I. hatte im 6. Jh. wohl hier an dieser Stelle ein Kloster mit einem Gotteshaus errichtet. Der heutige Bau geht in seinen romanischen Teilen auf das 11. und 12. Jh. zurück, während die Kirchturmspitze erst im 19. Jh. aufgesetzt wurde. Der Innenraum, unlängst renoviert und mit dem Grab des Philosophen Descartes, zeigt deutlich die Bauabschnitte des Gebäudes. Das angrenzende Kloster endete in der Französischen Revolution, und 1794 brannte auch die berühmte Klosterbibliothek ab, nur der Palast der Äbte blieb erhalten. Er wurde restauriert. Zu ihm gehören auch die Stallungen, die mehrfach umgebaut wurden und als Wohnhäuser die Place de Furstemberg umrahmen. Von der Rue de l'Abbaye geht die stimmungsvolle Place de Furstemberg ab, an der das *Musée Delacroix* im ehemaligen Atelier des Meisters untergebracht ist (bis auf weiteres geschlossen).
In der Rue des Prétres-Saint-Séverin steht die namengebende Kirche aus dem 13. und 15. Jh., ein gutes Beispiel des gotischen Flamboyant-Stils und der mittelalterlichen Pariser Baukunst.

Palais du Luxembourg ③

Die Florentinerin Maria von Medici, Gemahlin Heinrichs IV., hatte von Franz von Luxemburg den sogenannten Kleinen Palast als Witwensitz erworben. Der eigentliche Palast entstand in einer Mischung aus italienischem und französischem Stil (1615–1631); Maria konnte ihn aber kaum nutzen, da sie Paris 1631 aus politischen Gründen verlassen mußte. Heute tagt hier der Senat. Der Palast trägt die Handschrift der Meister verschiedener Epochen, wobei besonders die Gemälde von Delacroix hervorgehoben werden müssen (Besichtigung derzeit nicht möglich).
Die Kirche *St. Sulpice*, die durch ihre Dimensionen und ausgezeichnete Akustik beeindruckt, ist für ihre Orgel und die Gemälde von Delacroix (1. Seitenkapelle) und van Loo (Marienkapelle) bekannt. Die Orgel (Orgelgehäuse-Entwurf von Chalgrin) wurde um 1875 von dem berühmten Orgelbauer Cavaill-Coll fertiggestellt. Noch heute gehört der Orgelklang von St. Sulpice zu den großen Erlebnissen für Musikfreunde (regelmäßige Konzerte).
1995 wurde in der Rue de Grenelle (Nr. 59/61) das *Musée Maillol* eröffnet, das zahlreiche unbekannte Skulpturen des Künstlers zeigt (geöffnet tgl. außer di 11–18 Uhr). Am gleichnamigen Platz das *Odéon*, der ursprünglich für die Comédie Française gedachte klassizistische Theaterbau (1782).
Getreu einem Gelübde, ließ Ludwig XV. 1756 vom Architekten Jacques-Germain Soufflot den Bau einer enormen Kuppelkirche in Angriff nehmen, des *Panthéons*. Was als Gotteshaus gedacht war, wurde im Revolutionsjahr 1789 fertiggestellt und – so wollte es die neue revolutionäre Regierung – als nationale Gedenk- und Grabstätte ruhmreicher Männer Frankreichs eingeweiht.
Unter Napoleon wurde das Panthéon dann doch noch zur Kirche. 1871 tagten darin die Kommunarden, und seit 1885 ist es Grabstätte für die Großen des Landes: Voltaire, Zola und Hugo teilen sich den Platz mit Generälen, Marschällen und Politikern (geöffnet tgl. 10–17.30 Uhr; wird derzeit renoviert).
Aus Gotik und Renaissance stammt die benachbarte Kirche *St. Etienne-du-Mont* (1540–1618); im Innern ein sehenswerter Lettner (1541) und das Grab des Dichters Racine.
Auf halbem Weg zur neuen Universität sind an der Rue des Arènes die Reste des um 200 errichteten Amphitheaters mit 17 000 Plätzen zu sehen. Weitere römische Architekturreste, die der antiken Thermen findet man beim *Musée du Moyen Age*, das in einem spätmittelalterlichen Haus (um 1500) mittelalterliche Kunst, darunter Wandteppiche, zeigt (Place Paul-Painlevé 6; geöffnet tgl. außer di 15–17.45 Uhr).

Catacombes ④

Die Pariser Katakomben sind, im Gegensatz zu den römischen, keine frühchristlichen Grabstätten, sondern vielmehr ein 11 000 Quadratmeter großes Massengrab, in das man nach 1786 die Gebeine der Toten brachte, als die Friedhöfe der Stadt überbelegt waren. In den Steinbrüchen unter der Stadt, schon in vorrömischer Zeit angelegt, fanden schätzungsweise sechs Millionen Tote Platz. Noch bis 1813 wurde der Pariser Untergrund zu Baumaterial verarbeitet; die unterirdischen Galerien der Steinbrüche erstrecken sich über rund 160 Kilometer. Mitte der achtziger Jahre wurde es Mode, in dieses Sub-Paris, 35 Meter unter der Stadt, hinunterzusteigen, um ausgefallene Feste zu feiern und sich dem Nervenkitzel echter Höhlenforscherei hinzugeben – wobei man sich nur allzu schnell verläuft (Place Denfert-Rochereau; geöffnet tgl. außer mo 14–16 Uhr; sa und so 9–11 und 14–16 Uhr).

Musée Bourdelle ⑤

Der Rodin-Schüler Antoine Bourdelle (1861–1929) hat bis zu seinem Tode in dem Atelier gearbeitet, das heute unterhalb der gewaltigen Tour de Montparnasse als Museum zu besichtigen ist. Besonders anziehend sind die Monumentalplastiken; interessant die Skizzen und Studien für das Beethoven-Denkmal, für das Bourdelle 21 verschiedene Plastiken des Komponisten schuf (Rue Antoine-Bourdelle 16; geöffnet tgl. außer mo 10–17.40 Uhr).
Am Boulevard Raspail liegt die hypermoderne Galerie *›Fondation Cartier‹* mit moderner Kunst.

Parc des Expositions ⑥

Das Pariser Messe- und Ausstellungsgelände wurde seit 1957 ständig vergrößert und umfaßt heute 100 000 Quadratmeter Ausstellungsfläche und ein Kongreßzentrum. Hier finden alljährlich die Französische Landwirtschaftsmesse, alle zwei Jahre der Salon de l'Automobile und zweimal im Jahr der SEHM, die Prêt-à-porter-Show für Herrenmode statt.
Jenseits des Boulevard Lefebvre, auf dem Gebiet der ehemaligen Schlachthöfe von Vaugirard, wurde 1983 der Parc Georges-Brassens eingeweiht. Er umfaßt einen Rosen- und einen Kräutergarten, einen Weinberg und einen künstlichen See. An der Rue Brancion in der ehemaligen Pferdeschlachterei, einem Metall- und Glasbau vom Anfang des 20. Jh., ein Büchermarkt; jedes Wochenende können ›Bücherwürmer‹ hier in alten Werken wühlen.

I

Der Westen von Paris wirkt satt und schläfrig. Behäbig liegen Privatvillen und ansehnliche Stadthäuser zwischen Bois de Boulogne und Parc Monceau, zwischen Champs-Élysées und Eiffelturm. Hier, im 16. Arrondissement und im Villenvorort Neuilly, waren schon immer die Vermögenden zu Hause und meist unter sich. Wer Paris zum ersten Mal besucht, den zieht es erst einmal zum Trocadéro. Der Platz auf dem Chaillot-Hügel ist zum Touristenmagneten geworden. Auch Jugendliche aller Couleur treffen sich hier, zeigen Skateboard- und Rollerskate-Akrobatik.

Foto: In der Fontänengischt des Trocadéro leuchtet golden die Stierplastik auf.

n Westen – nichts Neues

△ Am Trocadéro

›Marseillaise‹ am Triumphbogen ▽

△ Der Arc de Triomphe, eines der bekanntesten Bauwerke von Paris

Vom Port Debilly blickt man hinüber zum Eiffelturm ▽

△ Beeindruckend bei abendlicher Beleuchtung: Palais de Chaillot und Jardin du Trocadéro sowie, gegenüber, der Eiffelturm ▽

Das gibt es immer noch: noble Tage in Passy

Eiffelturm, Trocadéro und Triumphbogen gehören zum touristischen Pflichtprogramm. Geduldig stehen die Besucher an den Anlegestellen der Bateaux-Mouches Schlange, und sommers springt schon mal der eine oder andere in die Wasserbecken vor dem Chaillot-Theater. Welch' Gegensatz dazu das stille 16. Arrondissement! Hier in Passy, Auteuil und in der Rue de la Pompe ist Frankreichs High Society und das, was sich gern dazu rechnen möchte, noch fast unter sich.

Madame trinkt nachmittags in erlauchter Runde Tee, Monsieur hat entweder Vermögen oder zumindest eine leitende Stellung, und das Au-pair-Mädchen führt die fein herausgeputzten Kleinen zum Square Ranelagh. In der Rue de Passy winken ›Frank & Fils‹ mit teurer Eleganz. In der Avenue Victor-Hugo haben fast alle Modeschöpfer eine Dépendance, und auch der Kuchenvirtuose Lenotre und der Delikatessenpapst Hédiard bemühen sich um die Gunst des noblen Viertels.

Da kann es nicht verblüffen, daß auch die besten Köche der Stadt hier ihre Gastronomietempel errichtet haben, und so pilgern denn Feinschmecker aus aller Welt zu »Robuchon« oder »Faugeron« in der Rue de Longchamp.

Steinerne Machtdemonstration

Als Napoleon I. beschloß, einen Triumphbogen bauen zu lassen, wollte er sich ein monumentales Denkmal setzen. Doch bald schon schien es ihm sinnvoller, den Bogen für eine spektakuläre Demonstration seiner Macht zu nutzen: Durch diesen Prachtbau wollte er seine Braut, die österreichische Prinzessin Marie-Louise, nach Paris hineinführen. Aber die Bauarbeiten, 1806 begonnen, wurden nicht rechtzeitig fertig, und so mußte rasch improvisiert werden. Die Österreicherin zog schließlich durch eine holzverschalte Attrappe in ihre neue Heimatstadt ein.

△ Das Hippodrome de Longchamp hat nicht nur in sportlicher Hinsicht einen guten Ruf: . . .

Die Fête-à-Neu-Neu im Jardin d'Acclimatation ▽

. . . das Galopper-Feld beim Prix de Suresnes ▽

△ Ein beliebtes Ziel: der Bagatelle-Park mit seinem Restaurant-Pavillon

△ Exoten hinter Glas im Parc André Citroën

Im Parc de Monceau grüßt die Antike ▽

Danach interessierte sich der Kaiser nicht mehr für seinen Bogen, und der Bau wurde erst unter Ludwig XVIII. weitergeführt. Louis-Philippe schließlich ließ ihn 1836 fertigstellen. Was zum Ruhme eines Kaisers erbaut werden sollte, beschäftigte letztlich drei Herrscher und erhielt erst nach dem Ersten Weltkrieg eine patriotische Bedeutung für das republikanische Frankreich, als hier 1921 der Unbekannte Soldat feierlich begraben wurde.
Heute besichtigen jedes Jahr über 700 000 Menschen den steinernen Koloß, der über 100 000 Tonnen wiegt und dessen Fundamente die Baumeister einst vor große Probleme stellte.

Ein eiserner Triumph

Nicht weniger spektakulär war 1884 das Ansinnen von Gustave Eiffel, einen 300 Meter hohen eisernen Turm zu errichten – und das in nur zwei Jahren, denn das Projekt von Eiffel erhielt erst 1887 die endgültige Zustimmung der Regierung. Dennoch wurde der geniale Ingenieur der Herausforderung gerecht und ließ die 18 000 Stücke seines Turmes mit 2 500 000 Nieten pünktlich zusammenfügen.
Was da allmählich vor den Augen der Pariser in die Höhe wuchs, hat allerdings nicht nur Begeisterung hervorgerufen. Illustre Männer wie Guy de Maupassant, Charles Garnier und Ernest Meissonier ließen keinen Zweifel an ihrer Mißbilligung. Da wurde die ›in gewisser Hinsicht vom Wind selbst geformte‹ (Eiffel) Verbindung von kühlem Technikergeist und künstlerischem Formempfinden als ›ungraziöses, riesenhaftes Skelett‹ (Maupassant) oder als ›im Bau befindlicher Fabrikschornstein‹ (Huysmans) bezeichnet.
Um so spektakulärer war die Begeisterung des Publikums, als der Turm dann am 15. Mai 1889 eingeweiht wurde. Allein in der ersten Woche, als die Fahrstühle noch nicht funktionierten, bestiegen 28 922 Besucher den eisernen Turm. Und sein Erfolg hält weiterhin an, wie alljährlich Millionen Touristen demonstrieren.

TERNES
CHAILLOT
GRENELLE
BOULOGNE
BILLANCOURT
Bois de Boulogne
16
15
Seine
Porte Maillot
Ch. de Gaulle Étoile
Place Charles de Gaulle
Trocadéro
Place du Trocadéro et du 11 Novembre
Tour Eiffel
Champ de Mars
École Militaire
Hippodrome d'Auteuil
Parc Andre Citroen
Porte de Versailles
Parc des Expositions
Héliport de Paris
Jardin d'Acclimatation
Maßstab 1:20.000
36
24
68

Wo gibt es was?

Nadelnummer = Textnummer

Arc de Triomphe ①

Der mächtige ›alte‹ Triumphbogen geht auf Napoleon I. zurück und wurde von 1806 bis 1836 nach Plänen des Architekten Chalgrin errichtet. Es ist ein harmonischer Bau von 50 Meter Höhe und 45 Meter Breite, der mit ausdrucksvollen allegorischen Skulpturen geschmückt ist; es sind die Marseillaise, der Triumph, die Résistance und der Frieden. Besonders schön ist der Blick von der Terrasse über den sternförmig von Haussmann angelegten Platz Etoile/Charles-de-Gaulle, die Champs-Élysées bis zum Louvre und die Avenue de la Grande-Armée bis zur Défense und ihrem ›modernen‹ Triumphbogen (geöffnet tgl. von 10–18.30 Uhr).
Unter dem Boden des Bogens liegt das Grab des Unbekannten Soldaten, an dem regelmäßig Kränze niedergelegt werden.

Trocadéro ②

Seit der Trocadéro-Palast 1937 dem heutigen Chaillot-Palast weichen mußte, trägt nur noch der Platz auf dem Chaillot-Hügel diesen traditionsreichen Namen. Zwei weit ausladende halbrunde Seitenflügel umgeben die Terrasse mit dem Blick über die Gartenanlage mit den Wasserkanonen auf den Eiffelturm und das Marsfeld. Das Palais beherbergt drei Museen, ein Theater und die Cinémathèque (mit einem Filmmuseum).
Das *Musée de la Marine* (Seefahrtsmuseum) birgt eine beachtliche Sammlung von Schiffsmodellen und Gemälden, die das Meer, bekannte Häfen und die Seefahrt zum Thema haben. Dabei wird natürlich der Geschichte der französischen Marine besondere Beachtung geschenkt, aber es sind auch Piratenschiffe und Fischerboote sowie Navigationsinstrumente zu sehen (geöffnet tgl. außer di und an Feiertagen von 10 bis 18 Uhr).
Das *Musée de l'Homme* (Völkerkundemuseum) gibt einen guten Überblick über die Entwicklung des Menschen in den verschiedenen geographischen Zonen: Afrika und Madagaskar, Europa, Asien, Ozeanien, Amerika und die Arktis. Dabei werden sowohl frühgeschichtliche als auch ethnologische und anthropologische Forschungsergebnisse dargestellt (geöffnet tgl. außer di 9.45 bis 17.15 Uhr).
Und das 1880 gegründete *Musée des Monuments Français* gibt anhand diverser Kopien oder Modelle großer Werke einen interessanten Überblick über Frankreichs Kunstentwicklung in darstellender Kunst und Architektur von der Romanik bis zum Klassizismus (geöffnet tgl. außer di 10–18 Uhr).
Das *Musée Guimet* an der Place d'Iéna verfügt (in Ergänzung des Musée des Arts Africains et Océaniens) über eine besonders reiche Sammlung asiatischer und orientalischer Kunst. Aufgeteilt nach verschiedenen geographischen Herkunftsgebieten prächtige Beispiele südostasiatischer Kunst (Laos, Kambodscha, Vietnam, Thailand, Indonesien), Werke aus dem indischen und chinesischen Kulturkreis und auch aus Japan und Zentralasien (geöffnet tgl. außer di 9.45–18 Uhr).
Das zur Weltausstellung 1937 an der Seine errichtete *Palais de Tokyo* beherbergt das *Musée d'Art Moderne de la Ville de Paris* (Museum für Moderne Kunst der Stadt Paris). Es umfaßt neben der ständigen Sammlung mit Monumentalwerken von Dufy (›La Fée Electricité), Matisse (›La Danse‹) und den Delaunay (›Rhytmes‹) auch ein Kindermuseum und eine Abteilung für zeitgenössische Kunst (ARC). Im übrigen sind hier alle die Werke zu finden, die im Besitz der Stadt sind – die Palette reicht von den Fauves über den Kubismus bis in die siebziger Jahre – und daher nicht im staatlichen Centre Pompidou zu sehen sind (geöffnet tgl. außer mo und an Feiertagen 10–17.30 Uhr, sa und so bis 19 Uhr).

Eiffelturm ③

Der aus Dijon stammende Ingenieur Gustave Eiffel (1832–1923) ließ die kühne Stahlkonstruktion am Champs de Mars für die Hundertjahrfeier der Revolution, zur Weltausstellung von 1889, zusammennieten. Der Turm ist (mit Antenne) 321 Meter hoch, rund 7500 Tonnen schwer und hat drei Plattformen mit vier Restaurants, einer Post, einem Konferenzsaal, Boutiquen und einem ›Cinema‹, wo Dokumentarfilme über den Turm und seinen Architekten gezeigt werden.
Bei gutem Wetter kann man von der obersten Plattform bis zu 70 Kilometer weit sehen. Wer nicht topfit ist, sollte lieber nicht zu Fuß hinaufsteigen, sondern einen der Fahrstühle benützen, die im Zuge der Renovierungsarbeiten 1984 vollständig überholt wurden (geöffnet tgl. 9.30–23 Uhr).

Parc André Citroën ④

Auf dem Gelände der ehemaligen Citroën-Werke entstand inmitten eines neuen Viertels ein 14 Hektar großer Garten. Dabei handelt es sich um mehrere ineinander übergehende Anlagen: den ›schwarzen‹ und den ›weißen‹ Garten, die mineralogische Anlage und die Gewächshäuser. Nicht weit entfernt hat das *Musée des Arts Forains* seine Pforten geöffnet. Es zeigt Jahrmarktsattraktionen aus ganz Europa (geöffnet sa und so 14–19 Uhr).

Bois de Boulogne ⑤

Der Bois de Boulogne ist das westliche Pendant zum Bois de Vincennes. Der 863 Hektar große Park wurde ebenfalls von Napoleon III. an Paris abgetreten und unter der ›Regie‹ des Pariser Präfekten, Baron Haussmann, neu gestaltet. Im Unterschied zum Bois de Vincennes, den die französischen Könige eher vernachlässigten, hat der Bois de Boulogne immer wieder von ihrer Aufmerksamkeit profitiert: Heinrich IV. ließ seinerzeit 15 000 Maulbeerbäume pflanzen, Ludwig XIV. verordnete ein ansehnliches Wiederaufforstungsprogramm, und im 18. Jh. entstanden rund um den Park ansehnliche Landsitze: Bagatelle, Ranelagh und das Chateau de la Muette et de Neuilly. Allerdings ist heute nur noch das kleine Bagatelle-Schloß zu bewundern, in dem schon Ludwig XV. galante Abenteuer gehabt haben soll und wo auch Napoleon gern weilte.
Die Anlage des heutigen Parks mit den verschlungenen Wegen, den Seen und dem kleinen Wasserfall geht allerdings auf das 19. Jh. zurück. Damals entstanden auch die Pferderennbahnen von Longchamp am Westrand des Parks (Flachrennen; Mai, September und Oktober) und Auteuil (Steeple-chases; ganzjährig) sowie Pavillons und Restaurants, von denen heute noch das »Pré Catelan« und die »Grande Cascade« zu empfehlen sind.
Der 24 Hektar große Bagatelle-Park ist vom Bois de Boulogne abgetrennt und gehört erst seit 1905 der Stadt Paris, die hier regelmäßig Konzerte und Blumenschauen veranstaltet. Die ›Roseraie‹ mit ihren 8000 Rosenpflanzen (700 verschiedene Arten) ist besonders während der Monate Mai und Juni sehenswert (geöffnet tgl. 8.30–20 Uhr bzw. 9–18 Uhr je nach Saison).
Das *Musée National des Arts et Traditions Populaires* (Französisches Volkskundemuseum) ist vor allem bei Kindern beliebt. Denn hier können sie sich genau ansehen, wie das Leben in Frankreichs Provinzen einst vonstatten ging. Alte Kostüme und Spiele werden gezeigt, man hat Einblick in die Wohn- und Arbeitsweise vergangener Zeiten und entdeckt auch ehrwürdige ›Industrieanlagen‹ (geöffnet tgl. außer di 10 bis 17.15 Uhr). Das Museum ist im am Nordende des Bois de Boulogne gelegenen Jardin d'Acclimatation zu finden. Dort liegt auch das *Musée en Herbe* mit Wechselausstellungen für Kinder (geöffnet tgl. 10–17.30 Uhr, sa 14–17.30 Uhr).

Ehemals friedliche Villenvororte wie Meudon, Sèvres oder Saint-Cloud sind längst von der auswuchernden Stadt Paris eingeholt worden, und Wohntürme überragen die Gegend rund um Saint-Denis und Nanterre. Die ›Villes nouvelles‹, die sich die Städteplaner der sechziger Jahre auf dem Reißbrett ausgedacht haben, um den Pariser Raum vor dem Ersticken zu bewahren, sind inzwischen schon 25 Jahre alt und damit den Kinderschuhen entwachsen. Viel wurde über ihre ausgefallene Architektur geschrieben, die mangelhafte Qualität des Wohnumfeldes dieser künstlichen Gebilde kritisiert. Und dennoch lebt mittlerweile rund eine halbe Million Menschen in diesen ›neuen Städten‹.

Foto: ›Les Arènes de Picasso‹ nennt sich diese Wohnanlage in Marne-la-Vallée.

An der Périphérie

△ Aus barocken Bauten ragt das Mittelalter: Vincennes

Großmarkt Rungis ▽

△ Rodins ›Denker‹ am Grab des Künstlers in Meudon

△ In Nogent-sur-Marne fand ein Pavillon der abgerissenen Pariser Hallen eine letzte Zuflucht

△ Euro Disney: Themenpark ›Frontierland‹

Musée Rodin in der Villa des Brillants in Meudon ▽

Hochhäuser lösen Jagdschlösser ab

Die Pariser Peripherie hat sich in den letzten 30 Jahren mit wachsender Geschwindigkeit verwandelt. Wo einst Jagdschlößchen und Landsitze inmitten schöner Parkanlage standen, wuchern heute Einfamilienhäuser, Sozialwohnungen und Bürotürme. Spektakulärstes Beispiel ist vielleicht das kleine Schloß von Malmaison, wo Joséphine einst mit ihrem Napoleon unter den geliebten Rosenbüschen schäkerte. Heute wird es von den Türmen des Défense-Viertels überragt und von den benachbarten Industrien fast totgedrückt.
Die Basilika von Saint-Denis, in der seit Merowingerzeiten fast alle französischen Könige begraben worden sind, wird von Hochhäusern des sozialen Wohnungsbaus bedrängt, und ihr Umfeld ist vom Flughafen Le Bourget und den dazu gehörenden Ausstellungshallen geprägt.

Porzellan aus der Oase

Dagegen erscheint der Park von Saint-Cloud geradezu wie eine Oase, denn selbst eifrigsten Bauspekulanten ist es bisher nicht geglückt, hier Fuß zu fassen. Das Schloß, in dem Napoleon III. 1852 zum Kaiser erklärt wurde, haben die Preußen 1870 in Brand gesteckt. Schon Blücher soll hier 1814 seiner Wut gegen Napoleon I. freien Lauf gelassen haben, indem er die Seidenvorhänge aufschlitzte und die Tapeten mit seinen Sporen massakrierte. Vom Park und seiner Terrasse schweift der Blick weit über die Skyline von Paris und die Seine. Nahezu an ihrem Ufer liegt seit über 200 Jahren die Porzellanmanufaktur von Sèvres. Hier werden auch heute noch moderne Muster des berühmten Porzellans hergestellt, während das alte Design in dem benachbarten Keramikmuseum ausgestellt ist.

Großmarkt mit Herz

Nur sieben Kilometer vom Boulevard Périphérique entfernt ist in

△ St. Denis: das Jüngste Gericht über dem Hauptportal

△ Zu den großen Sehenswürdigkeiten an der Pariser Périphérie gehört die Kathedrale von Saint-Denis

△ Im Musée de la Céramique von Sèvres

Blick von Saint-Cloud ▽

△ Das Keramik-Museum in Sèvres zeigt Exponate aus den großen Manufakturen Europas

△ Zweimal der Parc de Saint-Cloud: die Terrasse mit ihrem Paris-Blick und der englische, naturbelassene Landschaftspark ▽

Rungis mit dem neuen Pariser Großmarkt eine Stadt mit eigenen Gesetzen entstanden. Als zu Beginn der siebziger Jahre der alte ›Bauch von Paris‹ nicht mehr mit der Bevölkerungsentwicklung mithalten konnte, wurden die Hallen von Baltard abgerissen, und unweit von Orly entstand auf 220 Hektar der größte Lebensmittelumschlagplatz Europas.

Spaß mit Mickey, Donald, Goofy

In Marne-la-Vallée liegt Euro Disney, 1992 eröffnet und mit 600 Hektar Gesamtfläche Europas größte Freizeitanlage. Attraktionen nach amerikanischem Vorbild sollen Kinderherzen höher schlagen lassen, darunter fünf aufwendig gestaltete ›Traumländer‹: ›Das Land der Abenteuer‹, ›Der Wilde Westen‹, ›Discoveryland‹, ›Fantasyland‹ und ›Main Street USA‹. Der erwartete Ansturm hat sich jedoch nicht eingestellt, und so hatte das 6,5 Milliarden Mark teure Vergnügungsmekka bisher jedes Jahr ein millionenschweres Minus zu verzeichnen. Trotz Besucherschwund sind die Warteschlangen so lang, daß man nur einen Teil der 29 Attraktionen an einem Tag schaffen kann – für viele enttäuschend angesichts der hohen Eintrittspreise. Besonders beliebt, so scheint es, sind der Flugsimulator, der Goldgräberzug und der dreidimensionale Film mit dem Mega-Star Michael Jackson.

Die ›Villes nouvelles‹

›Bringen Sie da mal ein bißchen Ordnung rein‹, soll Charles de Gaulle Mitte der sechziger Jahre gefordert haben, als er auf die Karte der Île de France schaute. Trostlosigkeit und Wildwuchs prägten das Bild. Rund um die Hauptstadt entstanden daraufhin fünf ›neue Städte‹, die die stetig wachsende Bevölkerung des Großraumes Paris aufnehmen sollen. Heute spricht man von ersten Erfolgen. Cergy-Pontoise und Saint-Quentin-en-Yvelines haben ihren Weg gefunden und mit Bauten von Ricardo Boffil Zeichen gesetzt. Marne-la-Vallée hat durch Euro Disney Auftrieb bekommen, und auch Evry im Süden mausert sich.

PARIS
VERSAILLES
CHANTILLY
SENLIS
PONTOISE
CERGY
ST-OUEN-L'AUMÔNE
CONFLANS STE-HONORINE
HERBLAY
POISSY
ST-GERMAIN-EN-LAYE
NANTERRE
ST-DENIS
BOULOGNE-BILLANCOURT
GENNEVILLIERS
ARGENTEUIL
MAISONS-LAFFITTE
SARTROUVILLE
COLOMBES
COURBEVOIE
GARGES
GONESSE
GOUSSAINVILLE
VILLIERS-LE-BEL
SARCELLES
TAVERNY
BEAUMONT-SUR-OISE
DOMONT
ECOUEN
L'ISLE-ADAM
TREMBLAY-EN-FRANCE
MITRY-MORY
CLAYE-SOUILLY
VILLEPINTE
AULNAY-SOUS-BOIS
LE BLANC-MESNIL
BOBIGNY
MONTREUIL
VINCENNES
NOGENT
CHELLES
LAGNY
TORCY
NOISY-LE-GRAND
CHAMPIGNY-S.-M.
ST-MAUR-DES-FOSSÉS
CRÉTEIL
MAISONS-ALFORT
VILLEJUIF
IVRY-S.-S.
ORLY
RUNGIS
ANTONY
MASSY
PALAISEAU
ORSAY
GIF-SUR-YVETTE
SACLAY
VERSAILLES
ST-CYR
TRAPPES
PLAISIR
ELANCOURT
MAUREPAS
GUYANCOURT
RAMBOUILLET
CHEVREUSE
LIMOURS
DOURDAN
ARPAJON
BRÉTIGNY-S.-O.
ÉTAMPES
LA FERTÉ-ALAIS
MENNECY
CORBEIL-ESSONNES
ÉVRY
DRAVEIL
JUVISY
VIGNEUX
MONTGERON
BRUNOY
VILLENEUVE-ST-GEORGES
BRIE-COMTE-ROBERT
MELUN
DAMMARIE-LES-LYS
FONTAINEBLEAU
Forêt de Fontainebleau
Forêt de Sénart
Forêt de Chantilly
Forêt d'Ermenonville
Forêt de St-Germain
Parc Astérix
Aéroport Charles de Gaulle
Parc des Exposition (Nord)
Aéroport d'Orly
Disneyland
Arc de Triomphe
Tour Eiffel
Notre Dame
Sacré Coeur
Louvre
Périphérique
MEULAN
LES MUREAUX
MANTES
MARINES
ROISSY
OZOIR-LA-FERRIÈRE
SENART
PERTHES
MILLY-LA-FORÊT
94
Maßstab 1:300.000

Wo gibt es was?

Fähnchennummer = Textnummer

Saint-Denis ①

Dem heutigen Industriestandort blieb wenig von der einstigen Bedeutung des Klosterortes. Schon im 5. Jh. wurde ein Gotteshaus errichtet, und ab 630 kam eine der berühmtesten Benediktinerabteien Frankreichs dazu. Bereits ab Ende des 6. Jh. wurde St. Denis zur Grablege der französischen Könige, die hier von Dagobert I. bis Ludwig XVIII. fast alle begraben sind. Die heutige Basilika stammt aus dem 12. Jh. und geht auf Pläne des Abtes Suger (1081–1151), eines königlichen Beraters und Freundes, zurück. Sie gilt als die erste Kirche Frankreichs im seinerzeit neuen gotischen Stil und wurde von Viollet-le-Duc im 19. Jh. restauriert. Ihr lichter Innenraum ist von sehenswerten Grabmälern aller Stilrichtungen gesäumt, und in der Krypta sind ebenfalls Könige Frankreichs bestattet. Die Kathedrale steht an jener Stelle, wo der Legende nach Dionysos, der Märtyrer und um 250 erste Bischof von Lutetia, nach der Hinrichtung zusammenbrach, nachdem er mit seinem abgeschlagenen Kopf unter dem Arm vom Montmartre hinausgewandert war.
Nordwestlich an einer Oise-Schleife die ›Ville nouvelle‹ *Cergy-Pontoise*, für 350 000 Einwohner geplant und mit interessanter Architektur.

Vincennes ②

Im gleichnamigen Wald liegt das bis auf das 11. Jh. zurückgehende Schloß, mit seinem 52 Meter hohen Donjon aus dem 14. Jh. und den Pavillons aus dem 17. Jh. eine Verbindung mittelalterlichen Festungsbaus mit barockem Schloßbau. Die zuerst königliche Residenz (15. Jh.) wurde nach 1652 Gefängnis für Königsgegner, unter Napoleon I. Arsenal und auf Veranlassung Napoleons III. restauriert. Über eine museale Nutzung der Räume innerhalb der drei Meter dicken Mauern wird zur Zeit nachgedacht; 1552 wurde die Hofkapelle fertiggestellt, noch im gotischen Flamboyant-Stil (wird restauriert).

Euro Disney ③

Der Vergnügungspark, 1992 in Marne-la-Vallée eröffnet, wurde nach dem Vorbild des Disneyland in Florida konzipiert. Man erreicht ihn über die Autobahn A 4 Paris–Straßburg und mit dem Nahverkehrszug (RER) von Paris, seit Mai 1994 auch mit dem Hochgeschwindigkeitszug TGV. Auf einer Gesamtfläche von 600 Hektar der 60 Hektar große Themenpark (Main Street USA, Frontierland, Adventureland, Fantasyland und Discoveryland), ein Campingplatz und ein Golfplatz, sechs Hotels unterschiedlicher Kategorien, das Disney-Entertainment Centre (Gastronomische Betriebe, Wildwest-Show) und ein künstlicher See (Bootsvermietung). Es empfiehlt sich, schon vor Kassenöffnung dazusein; später ist mit langen Wartezeiten zu rechnen. Warteschlangen auch im Themenpark (geöffnet bis 26. 6. 10–18 Uhr, im Sommer 9–23 Uhr).

Sceaux ④

Mitten im einst von Le Nôtre angelegten Park von Sceaux (den ab 1670 zusammen mit einem Schloß des ›Sonnenkönigs‹ Erster Minister Colbert hatte realisieren lassen) liegt das 1856 erbaute Schloß mit dem *Musée de l'Île-de-France* (Museum der Pariser Region). Gemälde, Wandteppiche, Keramik und Möbel sind hier nach Epochen, Départements und Orten geordnet. Sie geben einen hervorragenden Überblick über die Geschichte des Gebietes, das schon seit Jahrhunderten das Zentrum Frankreichs ist. Hinzu kommen Bilder der Maler, die rund um Paris ihre Inspiration gefunden haben (Utrillo, Corot, Dunoyer de Segonzac; geöffnet tgl. außer mo, di, fr vorm. und an Feiertagen 10–12 Uhr und 14–18 Uhr).
Jenseits der Autobahn Richtung Lyon der Großmarkt in *Rungis*. Die neuen Markthallen umfassen mit ihren Nebenhallen und Depots 600 Hektar und beschäftigen 16 000 Menschen. Pro Jahr werden rund 2,2 Milliarden Tonnen Lebensmittel umgeschlagen. Vor Ort 845 Grossisten, 772 Produzenten sowie Niederlassungen von 22 Banken; in 30 Restaurants gibt es das frischeste Essen von ganz Frankreich. Alle Großen der Feinschmeckerbranche lassen hier einkaufen, das Angebot ist überwältigend. Die Fischhalle ist 25 000 und die Fleischhalle 41 000 Quadratmeter groß, und die zwölf Gemüse- und Obsthallen umfassen sogar 207 000 Quadratmeter. Die Verkaufszeiten sind gestaffelt, und wenn für die Fischhändler das ›Rennen gelaufen‹ ist (ab 2.30 Uhr), fängt der Gemüseverkauf gerade erst an.
Privatpersonen dürfen nicht einkaufen, aber es lohnt sich, einmal die Mautgebühr zu bezahlen und das Spektakel zu besichtigen. Bei den Austern oder in der Blumenhalle drücken die Händler dann auch schon mal ein Auge zu, nur darf man sich nicht erwischen lassen.

Sèvres ⑤

Das *Musée National de la Céramique* (Porzellanmuseum) liegt am Park von Saint-Cloud direkt neben der Porzellanmanufaktur von Sèvres und birgt eine Fülle ausgefallener Stücke. Neben glasierten Tongefäßen aus dem Orient und aus China viele Beispiele für europäisches Gebrauchsgeschirr vergangener Jahrhunderte. Daneben sind aber auch zahlreiche Serviceteile von europäischen Fürsten- und Königshöfen zu sehen, die aus berühmten Manufakturen stammen: Delft, Meißen, Limoges und Sèvres (geöffnet tgl. außer di und an Feiertagen 9.45–12 Uhr und 13.30–18 Uhr).
Das benachbarte *Meudon* war durch sein Schloß und den Park bekannt. Das zu Beginn des 19. Jh. errichtete Schloß brannte 1870 aus und wurde zu einem Observatorium umgebaut; von seiner Terrasse Blick auf Paris und das kleine *Musée Rodin*, untergebracht in der Villa des Brillants, einem ehemaligen Wohnsitz des Bildhauers. Er selbst ist in der Mitte des Gartens begraben. Zu sehen sind Gipsmodelle, Zeichnungen, Entwürfe der Skulpturen des Meisters (Avenue Auguste-Rodin 19; geöffnet tgl. 13.30 bis 18 Uhr von Apr. bis Okt.).
Südwestlich von Versailles liegt *Saint-Quentin-en-Yvelines*, eine der ›Neuen Städte‹ und bekannt geworden durch das postmoderne Bofill-Viertel ›Arcades du Lacs‹, das klassische Architekturmerkmale in den sozialen Wohnungsbau einführt. Hier leben hauptsächlich junge Menschen; die ältere Generation ist mit den Beton- und Glasbauten, mit den künstlich angelegten Bächen und Seen und mit den Plastiken moderner Meister nicht warm geworden.

La Défense ⑥

Ende der fünfziger Jahre beschloß man, Unternehmen im Westen von Paris neue Firmenräume anzubieten, um die Überflutung der Stadt mit Bürohäusern zu verhindern. La Défense, mit der Schnellbahn RER bequem zu erreichen, ist heute eines der größten Büroviertel Europas. In den hohen Spiegel- und Glastürmen haben 650 Firmen ihre Hauptverwaltung, und auf drei Millionen Quadratmeter Fläche arbeiten rund 100 000 Beschäftigte. Was einst als reines Büroviertel geplant war, hat sich inzwischen zu einer futuristischen ›Stadt in der Stadt‹ mit Einkaufszentrum, Kinos und Restaurants entwickelt.
Die *›Arche de la Défense‹*, der Triumphbogen der Menschenrechte, 1989 fertiggestellt, zieht unzählige Touristen in das Pariser Manhattan. Der 105 Meter hohe und 3,5 Milliarden Franc teure Gigant aus 300 000 Tonnen Beton, Stahl, Glas und Carrara-Marmor beherbergt zwei Ministerien, verschiedene Firmensitze und eine 10 000 Quadratmeter große Ausstellungsfläche auf dem Dach (geöffnet tgl. 9–19 Uhr).

Erinnerung

Rund 50 Jahre waren nötig, um die gesamte Schloßanlage des ›Sonnenkönigs‹ fertigzustellen. Ludwig XIV. beauftragte die größten Architekten seiner Zeit damit, die prächtigste Residenz in ganz Europa zu bauen. Die anderen Schlösser der Île de France wirken dagegen zurückhaltend. Fontainebleau, gelungenes Beispiel der Renaissance, Chantilly, das Wasserschloß mit den gewaltigen Pferdeställen, und das festungsartige Saint-Germain-en-Laye sind nur ›bescheidene Bleiben‹ im Vergleich zu dem Regierungssitz von Ludwig XIV.

Foto: Der Blick vom Bassin de Latone durch den Park zum Schloßbau von Versailles.

n an königliche Zeiten

△ Blick vom Bassin d'Apollon zum Schloß

Im ›Chambre du Roi‹ ▽

Die Räume des Grand Trianon vereinigen Rokoko, Empire und Restauration ▽

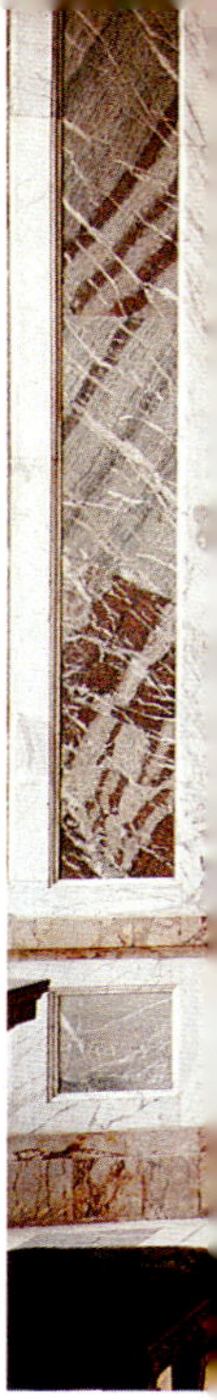

△ Der Spiegelsaal im Schloß von Versailles: wegen der Ereignisse von 1871 und 1919 für Deutsche von besonderer Bedeutung

△ Die Parkfront des Schlosses am Parterre d'Eau

Das Grand Trianon war das ›Privatschlößchen‹ des Königs ▽

Die Île de France, immer ein lohnender Ausflug

Es hat durchaus Tradition, Paris den Rücken zu kehren und aufs Land zu fahren. Die Stadtluft gegen ländliche Atmosphäre zu tauschen – heute selbstverständliches Allgemeingut – war früher allerdings allein dem Adel und den Begüterten ein Bedürfnis. Sie sorgten für das Perlenhalsband aus größeren oder kleineren Schlössern und Landsitzen, das die Seine-Metropole umgibt.
Alle sind sie interessant, lassen Vergangenheit lebendig werden: das mittelalterliche Pierrefonds am Rand des Waldes von Compiègne, die Renaissance-Bauten von Chantilly, Saint-Germain-en-Laye oder Fontainebleau, die Barock-Architektur von Maisons-Laffitte und natürlich Vaux-le-Vicomte, um ein paar bekannte Beispiele zu nennen. Das Schloß aller Schlösser aber ist unumstritten Versailles.

Vom Jagdschloß zur Residenz

In einer halben Stunde ist mit der Bahn die Strecke Paris–Versailles geschafft, und kurze Zeit später steht man vor dem größten Denkmal, das sich je ein französischer König geschaffen hat.
Die Baugeschichte von Versailles ist eng mit der politischen Entwicklung Ludwigs XIV. verbunden. So wie aus dem Kindkönig, der 1653 vor der Verschwörung seines Adels aus der eigenen Hauptstadt nach Saint-Germain hatte fliehen müssen, ein Herrschervorbild für ganz Europa wurde, so entstand aus dem kleinen Jagdschloß, das Ludwig XIII. in sumpfigem Gebiet hatte bauen lassen, allmählich der berühmte Prachtbau, dem die anderen Großen des Kontinents mit ihren Schlössern nachzueifern versuchten.
Angefangen hatte diese Entwicklung für Versailles 1661 mit dem Besuch des 23jährigen Ludwig im luxuriösen Vaux-le-Vicomte, das sich sein glücklos geendeter Finanzminister Fouquet von Le Vau, Le Brun und Le Nôtre hatte

△ Die Figuren an den beiden großen Wasserbecken des Parterre d'Eau symbolisieren die französischen Flüsse

△ ›Le Hameau de Marie-Antoinette‹

△ Die Fontaine du Pyramide auf dem Weg zum Bassin de Neptune

△ ›Scherenschleifer‹ Bootsverleih am Grand Canal ▽

Trotz Renaissance-Fassadenschmucks wirkt das Schloß Saint-Germain-en-Laye noch sehr wehrhaft ▽

bauen und gestalten lassen. Begeistert engagierte der König die drei Künstler, um Versailles noch prächtiger zu gestalten. Le Vau modernisierte das Jagdschloß, Le Brun kümmerte sich um die Ausstattung, Le Nôtre entwarf eine erste Gartenanlage, und schon drei Jahre später fanden in Versailles große Feste statt.
Mit jedem Sieg Ludwigs auf den Schlachtfeldern Europas wuchs auch das Schloß zum steinernen Symbol des absolutistischen Zeitalters, und als Zentrum der seinerzeit bedeutendsten Macht Europas war es zugleich Zentrum des Kontinents.

Von Paris nach Versailles

Wann Ludwig beschloß, den gesamten Hof nach Versailles zu verlagern, steht nicht fest, doch begannen die Großen des Landes 1672, in die neue Residenz zu ziehen. Zeitweilig lebten 4000 Personen im Schloß, und noch heute fragt man sich, was sie veranlaßte, in unbequemen kleinen Zimmern in Versailles zu hausen, statt in ihren komfortablen Palästen in Paris oder der Provinz auf großem Fuß zu leben. Immerhin fehlte damals dort, wo heute Besucherscharen auf leider doch sehr unsanften Sohlen der Vergangenheit nachspüren, sogar jede sanitäre Einrichtung, was zu mancherlei Spekulation Anlaß gibt.
Erstaunlicherweise war es Ludwig gelungen, seine Person derart ins Zentrum des Interesses zu rücken, daß jeder, der Versailles fern war, in Bedeutungslosigkeit versank. Jeder mußte sich einfach danach sehnen, in der Nähe seines vergötterten Herrschers zu leben, Teil des ausgeklügelten Hofzeremoniells zu sein.

Offen für jeden Besucher

Doch auch das Volk sollte Zutritt zu seinem Monarchen haben, und so herrschte bei Gartenfesten nicht weniger Gedränge als heutzutage an Sommerwochenenden. Die Feuerwerke zur Belustigung seiner Untertanen kosteten auch seinerzeit schon ein Vermögen. Der Luxus der damaligen Feste ist heute kaum vorstellbar,

△ Schloß Fontainebleau: Napoleons Abschied 1814 hat dem großen Hof vor dem ›Entrée‹ seinen Namen gegeben: Cour des Adieux ▽

△ Fontainebleau: ›Galérie de Diane‹, die Bibliothek

△ Die Renaissance-›Galérie François I‹ war um 1540 eine architektonische Neuheit für Frankreich

△ Chantilly: Im 18. Jahrhundert erhielt das während der Revolution zerstörte Schloß … … sein heutiges Aussehen ▽

Der Blick auf dieses Schloß ließ die Pläne für Versailles entstehen: Vaux-le-Vicomte ▽

und die sogenannten Grands Eaux, bei denen alle Fontänen des Gartens in Betrieb sind, oder die Grandes Fêtes de Nuit, bei denen der Himmel über dem Schloß wieder feurig erglüht, geben nur eine schwache Vorstellung von der einstigen Pracht dieser (Barock-)Gärten à la française.

Der Garten hatte übrigens für Ludwig XIV. eine ebenso große Bedeutung wie das Schloß selbst. Ein täglicher Rundgang gehörte zum Protokoll. Der Monarch hat sogar höchstselbst einen schriftlichen Führer für Besucher ausgearbeitet. So sollten sich ihnen die Glanzpunkte seines Prunkstücks leichter erschließen. Natürlich kann man den königlichen Anweisungen folgen. Doch empfiehlt es sich heute eher, nach dem Gang über die Terrasse und durch die darunterliegende Barockanlage mit ihren allegorischen Plastiken ein Fahrrad zu mieten. Eine Rundfahrt um den Großen Kanal ist beschaulich. Auf dem Wasser rudern Ausflügler, Kinder lassen Segelboote fahren, und im Gras der ›grünen Teppiche‹ liegen Liebespaare. Einem sollte man aber in jedem Fall einen Blick gönnen: dem ›Apoll in seinem Sonnenwagen‹, als der sich einst der ›Sonnenkönig‹ verstand.

Ein Ende mit Schrecken

Die Nachfolger des großen Ludwig haben nicht nur vergleichsweise wenig in Versailles verändert, sie verloren auch zunehmend den Bezug zu ihrem Volk, zum Leben außerhalb der Etikette. Marie-Antoinette, die Gemahlin des letzten Repräsentanten des ›Ancien Régime‹, ließ sich beim Petit Trianon ein kleines Dorf mit Dorfteich, Gemüsegarten und Mühle anlegen: ›Le Hameau‹, der heute geradezu operettenhaft wirkt. Dort gab sie sich – unterstützt von einem eigens angestellten Bauern – der Illusion des einfachen Landlebens hin, kleidete sich als Schäferin und kreierte damit eine neue Mode, bis sie 1789 von den Realitäten der Französischen Revolution in die harte Wirklichkeit katapultiert wurde.

Vexin
PARIS
VERSAILLES
ST-GERMAIN-en-Laye
NANTERRE
ST-DENIS
BOULOGNE-BILLANCOURT
PONTOISE
CERGY
CHANTILLY
SENLIS
RAMBOUILLET
ÉTAMPES
MELUN
FONTAINEBLEAU
CORBEIL-ESSONNES
ÉVRY
DOURDAN
LAGNY
Forêt de Chantilly
Forêt de Fontainebleau
Maßstab 1:350.000
10 km

Wo gibt es was?

Fähnchennummer = Textnummer

Chantilly ①

Der Besitz war immer mit den großen Namen des französischen Königreiches verbunden, zuletzt als Sitz der Condés, einer Seitenlinie der königlichen Bourbonen. Im 16. Jh. wurde das Kleine Schloß errichtet; aus dem 18. Jh. die Innendekoration mit dem bekannten ›Affenkabinett‹; im 19. Jh. entstand das Große Schloß. Den herrlichen Garten gestaltete ab 1663 Le Nôtre. Im Schloß die Kunstsammlung des Duc d'Aumale, bekannt für ihre Werke aus dem 15. und 16. Jh. (geöffnet tgl. außer di 10–18 Uhr im Sommer).
An der Rennbahn, auf der noch heute regelmäßig Pferderennen stattfinden, die weitläufigen Pferdeställe aus dem 18. Jh. Chantilly nennt sich stolz ›Pferdestadt‹, denn hier wird edles Vollblut gezüchtet und trainiert.

Maisons-Laffitte ②

Der Architekt François Mansart errichtete bis 1651 das für die französische ›Klassik‹ beispielhafte barocke Schloß, zum ersten Mal mit den später als ›Mansarden‹ bezeichneten Giebelfenstern im Dach. Die Einrichtung aus dem 17. Jh. blieb erhalten (geöffnet tgl. 10–12 Uhr und 13.30–17 Uhr).

Saint-Germain-en-Laye ③

Der Ort ist vor allem durch sein Museum für Vor- und Frühgeschichte bekannt, das im Schloß untergebracht ist. Franz I. ließ den Renaissancebau anstelle eines Vorgängers aus dem 12. Jh. als Residenz (ab 1543) errichten; mehrere Königskinder wurden hier geboren (Heinrich II., Karl IX., Ludwig XIV.). Im 19. Jh. wurde das Schloß stark renoviert und erhielt seine ursprüngliche Form wieder, nur die Terrasse von Le Nôtre erinnert noch an die unter Ludwig XIV. vorgenommenen Änderungen. Nahezu intakt ist auch die gotische Schloßkapelle, die als erstes Beispiel des Flamboyant-Stiles gilt (geöffnet tgl. außer di 9.45–17.15 Uhr).
Das 1867 eingeweihte *Musée des Antiquités Nationales* geht auf Napoleon III. zurück, der die Restaurierung des Schlosses veranlaßte. Die Sammlungen geben einen gut verständlichen Überblick über die Geschichte Frankreichs von der Steinzeit bis zur merowingischen Epoche (Öffnungszeiten wie beim Schloß).
Im Wohnhaus und Atelier des Malers Maurice Denis (1870–1943) das *Musée du Prieuré,* eine beachtliche Sammlung symbolistischer Gemälde. Außerdem Werke von Gauguin, Bonnard, Vuillard und anderen Zeitgenossen des Meisters sowie Jugendstildekorationen und Art-déco-Möbel (geöffnet mi bis fr 10–17.30 Uhr, sa, so und an Feiertagen 10–18.30 Uhr; Rue Maurice-Denis).

Versailles ④

Zwischen 1661 und 1710 wurde aus dem Jagdschloß Ludwigs XIII. (um 1630) das beispielhafte Residenzschloß des absolutistischen Zeitalters. Im Auftrag Ludwigs XIV. arbeiteten nacheinander die Architekten Louis Le Vau, Jules Hardouin-Mansart und Robert de Cotte. Für die Innenausstattung war Charles Le Brun, für die Gartengestaltung André Le Nôtre verantwortlich.
Nach dem Frieden von Aachen 1668 begann man mit einer Dreiflügelanlage; schon vorher war die Erweiterung des Gartens in Angriff genommen worden. Der Frieden von Nimwegen 1678 ermunterte zu den Flügelbauten im Norden und im Süden sowie zu dem ›privaten‹ kleinen Parkschloß Grand Trianon. 1682 folgte eine neue Orangerie; zugleich wurde Versailles offiziell Regierungssitz (bis 1715 und wieder 1722 bis 1789).
Ludwig XV. ließ ab 1763 den Petit Trianon erbauen. 1792 versteigerte man die Ausstattung des Schlosses; erst der Bürgerkönig Louis-Philippe zeigte wieder Interesse an dem Schloß und machte es zu einem geschichtlichen Museum.
1871 wurde im Spiegelsaal von Versailles das Deutsche Reich proklamiert, 1919 dort der Versailler Friedensvertrag unterzeichnet. Umfassende Restaurierungen wurden seit dem Ersten Weltkrieg durchgeführt.
Die Schloßanlage hat in den vergangenen Jahrzehnten stark unter dem Besucherandrang gelitten. Der Atem von Millionen Touristen ließ allmählich den Stuck weich werden. Deshalb wurden unlängst neue Bestimmungen für die Besichtigung eingeführt (Gruppen nur nach vorheriger Anmeldung: zwei getrennte Eingänge für Gruppen und Einzelbesucher). Dennoch sollte man nicht während der Hochsaison (April bis September) kommen. Außerdem empfiehlt es sich, neben den Großen Appartements, durch die alle Versailles-Besucher geschleust werden, die renovierten Kleinen Appartements zu besichtigen. Hier bekommt man tatsächlich noch einen Eindruck, in welchem Prunk die französischen Könige gelebt haben; schwere Seidenvorhänge, goldgefaßte Holztäfelungen und fein geschnitzte Bettgestelle wurden nach alten Mustern wiederhergestellt; auch die Deckengemälde restaurierte man.
Die königliche Oper geht auf Ludwig XV. zurück; die Farbkombination von Gold und grünlichem Blau sowie die geschwungene Form des Saales machen sie zu einem der schönsten Theater ihrer Zeit, und noch heute werden regelmäßig Stücke aufgeführt (Schloßbesichtigung tgl. außer mo 9–17.30 Uhr).
Der überraschend weitläufige Garten ist täglich von Sonnenaufgang bis -untergang geöffnet. Im Bannkreis des Schlosses entstand, streng reglementiert, die Stadt; sie ist einen Bummel wert. Dazu gehören die gewaltigen hufeisenförmigen Pferdeställe und Remisen gegenüber (um 1680; in Zukunft Museen), die Ministerien (um 1760) und die beiden Viertel Notre-Dame und Saint-Louis, beide jeweils mit einer Pfarrkirche (1686 bzw. 1734–1754).

Rambouillet ⑤

Ludwig XVI. schätzte das bis in barocke Zeit immer wieder umgebaute Schloß (heute Sommersitz des französischen Präsidenten) wegen der ausgedehnten Jagdgründe und errichtete in seiner Nähe einen Hof zur Aufzucht von Merino-Schafen, deren Rasse hier heute noch gepflegt wird. Und auch die ›Laiterie‹ (Molkerei) von Marie-Antoinette ist noch zu sehen (geöffnet tgl. 10–11.30 und 14–16.30 Uhr).

Vaux-le-Vicomte ⑥

Das Schloß, auch Klein-Versailles genannt, ließ einst Ludwig XIV. vor Neid erblassen. Sein Finanzminister Nicolas Fouquet hatte leichtfertigerweise zum Bau wohl auch Steuergelder verwandt und mußte sein Leben daher im Kerker beenden.
Schloß und Garten sind zum ersten Mal harmonisch aufeinander abgestimmt, und auch die Innendekoration unterwirft sich architektonischen Gegebenheiten. Besonders reizvoll ist die Besichtigung in der Hochsaison, wenn an Samstagabenden das ganze Schloß von über 1000 Kerzen beleuchtet ist (geöffnet 1.4. bis 31.10. tgl. 10–18 Uhr).

Fontainebleau ⑦

Bis zu Ludwig XVI. haben mehrere Könige an dem Schloß gebaut. Es bildet daher eine Abfolge der verschiedenen französischen Baustile, und auch die Innendekoration stammt aus unterschiedlichen Epochen. Besonders sehenswert sind die gut erhaltenen Renaissance-Räume und vor allem die Galerie von Franz I. sowie eine Porzellansammlung in der Galerie des Assiettes (geöffnet tgl. außer di 9.30–12.30 Uhr und 14–17 Uhr).
Der Ort Fontainebleau liegt in einem riesigen Waldgebiet und ist ein beliebtes Ausflugsziel der Pariser.

Touristik-Informa

Adressen
Französisches Verkehrsbüro, Westendstraße 47, 60325 Frankfurt, Telefon 069/97580122; Telefax 069/752187 und Postfach 150465, 10666 Berlin, Telefon 030/2182064, Telefax 030/2141238. Office du Tourisme et des Congrès de Paris, Champs-Élysées 127, F-75008 Paris, Telefon 49525354 /deutsch 49525357) (geöffnet tgl. 9–20 Uhr, geschl. 1. Jan., 1. Mai und 25. Dez.).
Weitere Auskunftsbüros am Eiffelturm (geöffnet tgl. 11–18 Uhr von Mai bis Sept.) und auf den Bahnhöfen Gare d'Austerlitz (geöffnet tgl. 8–22 Uhr, Gare de l'Est und Gare de Lyon (geöffnet von Ostern bis Okt. mo bis sa 8–22 Uhr, sonst 8–13 und 17–20 Uhr), Gare du Nord (geöffnet von Ostern bis Oktober mo bis sa 8–22 Uhr und so 13–20 Uhr, sonst mo bis sa 8–20 Uhr). Auf den Flughäfen erteilen die Büros des Aéroport de Paris Auskünfte: Roissy/Charles-de-Gaulle, Aérogare 1 und 2 (geöffnet tgl. 6 bis 24 Uhr), Orly Ouest und Sud (geöffnet tgl. 6–24 Uhr).

Autofahren
Die Pariser Autofahrer steuern zügig durch ihre Stadt und haben wenig Mitleid mit Ortsfremden. Wer Schrammen und Beulen scheut, sollte seinen Wagen daher lieber stehen lassen.
Wer Autofahren jedoch als Sport versteht, kann sich getrost ins Getümmel stürzen, das wegen seiner Blechlawinen für Stunden zum Erliegen kommt. Das Parken wird in der Pariser Innenstadt immer schwieriger, deshalb empfiehlt es sich, in eines der Parkhäuser zu fahren. Ansonsten müssen überall teure Parkscheine aus ›Horodateurs‹ geholt werden.
Die Politessen arbeiten schnell und mit Erfolg, und meist ist man gleich mit FF 230 dabei. Besonders teuer kommt es, in Busspuren oder auf Straßen, die als ›Axe rouge‹ (Parksperrzone) ausgewiesen sind, sein Auto abzustellen, da es sofort abgeschleppt wird.

Camping
Paris besitzt nur einen Campingplatz, und der ist in der Hochsaison meist hoffnungslos überfüllt (Bois de Boulogne, Allée du Bord de l'Eau). Die Fédération Française du Camping (Rue de Rivoli 78, F-75001 Paris) hält eine Adressenliste für außerhalb der Stadt gelegene Zeltplätze bereit.

Diplomatische Vertretung
Botschaft der Bundesrepublik Deutschland, Avenue Franklin Roosevelt 13–15, F-75008 Paris, Telefon 42997800.
Konsulat, Avenue d'Iéna 34, F-75016 Paris, Telefon 43593351 (geöffnet mo bis fr 9–12 Uhr).

Einkaufen
Paris gehört immer noch zu den beliebtesten Einkaufsmetropolen Europas. Die berühmten Namen aus der Modewelt sind im Faubourg St. Honoré angesiedelt. Die großen Kaufhäuser Printemps und Galeries Lafayette liegen am Boulevard Haussmann und bieten unter altmodischem Kuppeldach Parfums, Dessous und Modisches mit Pfiff.
Wer lieber in Boutiquen und Einzelhandelsgeschäften kauft, hat die Qual der Wahl: die jungen Modeschöpfer an der Place des Victoires, Küchenzubehör in den Rues du Louvre und Etienne Marcel, Delikatessen rund um die Madeleine-Kirche.
Bei Regen sollte man in die Passagen flüchten (Véro-Dodat, Vivienne, Colbert, Choiseul u. a.) wo altmodische Läden mit Avantgarde-Boutiquen wechseln.
Wer Antiquitäten liebt, kann bei Drouot mitsteigern, einfach nur zusehen oder im Carré Rive Gauche, gleich beim Orsay-Museum, von einem Laden zum andern bummeln.
Schließlich ist Paris bekannt für seine Märkte: die vielen Wochenmärkte mit frischem Fisch und Gemüse in allen Stadtteilen; die Blumenmärkte auf der Cité-Insel, an der Place des Ternes und bei der Madeleine-Kirche; der Vogelmarkt bei der Préfecture; der Briefmarkenmarkt beim Élysée-Palast; am Wochenende Flohmärkte am Boulevard Périphérique (Clignancourt/St. Quen, Montreuil, Porte de Vanves und Kremelin-Bictre).

Essen und Trinken
Paris ist nach wie vor ein Dorado für Feinschmecker, doch wechseln die Restaurants derart schnell, das über die auf den ›Wo gibt es was?‹-Seiten genannten Häuser hinaus keine Empfehlung ausgesprochen werden kann.
Auskunft über die guten (und damit meist teuren) Restaurants gibt immer noch der Michelin-Führer; ebenfalls gut der ›Gault et Millau‹. Für die schmalere Geldbörse die Führer ›Paris pas cher‹ oder ›Paris au meilleur prix‹, die neben Restaurants auch Adressen preisgünstiger Geschäfte aufführen (im Buchhandel erhältlich).

Feiertage
1. Januar, Ostermontag, 1. Mai, 8. Mai (Kriegsende 1945), Himmelfahrt, Pfingstmontag, 14. Juli (Nationalfeiertag, große Militärparade auf den Champs-Élysées), 15. August (Mariä Himmelfahrt), 11. November (Waffenstillstand 1918), 25. Dezember.

Geld
Den französischen Franc (FF) gleich 100 Centimes gibt es in Münzen zu FF 100, 20, 10, 5, 2 und 1; außerdem zu 50, 20, 10 und 5 Centimes. Dazu Banknoten zu FF 20, 50, 100, 200 und 500.
Im allgemeinen sind die Banken mo bis fr 9–16.30 Uhr geöffnet; vor Feiertagen nur bis 12 Uhr. Nur die mit ›Change‹ gekennzeichneten Banken wechseln Geld und akzeptieren Euroschecks bis zu einem Höchstbetrag von FF 1400. Das Büro des Crédit Commercial de France auf den Champs-Élysées (Nr. 103) ist mo bis fr von 8.30–20 Uhr, sa und so von 10–18 Uhr geöffnet. Außerdem kann man an Wochenenden auf den Bahnhöfen, Flughäfen und in großen Hotels Geld wechseln.
In einem viel größeren Maße als in Deutschland werden in Frankreich Kreditkarten benutzt – auch für den normalen Einkauf.
Trinkgeld von 10 bis 15 Prozent wird für fast alle Dienstleistungen erwartet, im Restaurant ist das Trinkgeld jedoch meist inbegriffen.

Informationen
Das Pariser Verkehrsamt gibt jeden Monat eine Übersicht über die wichtigsten Veranstaltungen heraus.
Daneben sind verschiedene Wochenprogramme erhältlich, die all das auflisten, was in Paris interessieren könnte: ›L'Officiel des Spectacles‹, ›Pariscope‹ und ›7 Paris‹; außerdem in deutscher Sprache ›Pariser Luft‹ (gastronomische Informationen in der Rubrik ›Essen und Trinken‹), alle an Kiosken erhältlich.
Auskünfte über Veranstaltungen können Tag und Nacht auch auf deutsch abgerufen werden: Telefon 49525357.

Museen
Paris besitzt über 80 große und kleine Museen – die des Umlandes nicht mitgerechnet. Die größten und wichtigsten werden auf den ›Wo gibt es was?‹-Seiten genannt – doch ist dies natürlich nur eine subjektive Auswahl.
Wer weitere Museen, eventuell zu Spezialgebieten, sucht, kann sie gut (mit aktuellen Öffnungszeiten) in einem der Wochenprogramme finden.

Notdienste
Alle Pariser Krankenhäuser haben Notdienste (Urgences). Bei schweren Fällen kann der S.A.M.U., ein modern ausgestatteter Notarztwagen, gerufen werden: Telefon 45675050. Wer nachts, an Wochenenden oder Feiertagen einen Arzt benötigt, sollte SOS-Médecins anrufen: Telefon 43377777.
Eine Apotheke ist rund um die Uhr geöffnet: Pharmacie des Champs, Avenue des Champs-Élysées 84 (8. Arr.; am Ende der Passage).
Der telefonische Polizei-Notruf (Police Secours) lautet 17.

tionen von A bis Z

Bei Autopannen ist Hilfe unter Telefon 47079999 (Allo SOS) und 72171222 (ADAC; von Paris aus 16 vorwählen) zu erhalten.

Öffentliche Verkehrsmittel

Die Pariser U-Bahn gehört zu den modernsten Stadtbahnen der Welt, mit 15 Linien von rund 200 Kilometer Länge, die zwischen 5.30 Uhr und 0.30 Uhr verkehren. Hinzu kommt das sogenannte Réseau Express Régional (RER) mit vier Strecken von insgesamt 300 Kilometer Länge, der die meisten Vororte und auch die Flughäfen Orly und Charles-de-Gaulle in kürzester Zeit mit dem Stadtzentrum verbindet. Außerdem gibt es immerhin 59 verschiedene Buslinien.
Die Einzelfahrscheine für Bus und Métro sind ziemlich teuer. Daher sollte man ein Carnet (Sammelfahrschein) mit zehn Karten kaufen. Wer länger bleibt, kann auch eine Wochenkarte (Carte Orange) nehmen, benötigt dann aber ein Foto. Es gibt auch Tageskarten (Formule 1) und Touristenkarten (Billet du Tourisme) für zwei, vier und sieben Tage.

Post und Telefon

Die Postämter sind mo bis fr 8–19 Uhr geöffnet, sa bis 12 Uhr. Inhaber von Postsparbüchern können an allen Postämtern Geld abheben; auch Euroschecks werden akzeptiert.
Es ist möglich, R-Gespräche anzumelden, und man kann sich auf allen Postämtern und in den Telefonzellen zurückrufen lassen. Vorwahl (Indicatif) für Deutschland: 1949 und die jeweilige Ortvorwahl ohne Null.
Die Telefonzellen müssen mit Telefonkarten bedient werden, die man auf den Postämtern und in Tabakgeschäften kaufen kann; lediglich in den Vororten finden sich noch vereinzelt Münzapparate.

Sicherheit

Um keine bösen Überraschungen zu erleben, sollte man bei Ausflügen durch die Stadt ein Minimum an Sicherheitsvorkehrungen treffen: Keine großen Geldmengen, Dokumente, Schmuck und andere Wertgegenstände bei sich tragen!
Taschendiebe machen sich gern das Gedränge in den Touristenzentren zunutze, und auch in der Métro ist Vorsicht geboten; hier und da treiben sich Jugendbanden herum.
Außerdem vor Reisebeginn Nummern von Schecks, Scheck- oder Kreditkarten notieren, so daß man sie bei Verlust parat hat. Generell lohnt es sich, die wichtigsten Reise- und Personalpapiere vor der Reise zu kopieren.

Stadtrundfahrten

Auf Stadtrundfahrten und Ausflüge in die nahe Umgebung haben sich die Unternehmen Cityrama (Place des Pyramides 4, 1. Arr.), Paris à la Carte (Place de la Madeleine 9, 8. Arr.) und Paris Vision (Rue de Rivoli 214, 1. Arr.) spezialisiert. Außerdem tourt ein roter Doppeldecker (›Paris Bus les cars rouge‹) in regelmäßigen Abständen durch die Stadt; an acht Haltestellen können Touristen zusteigen. Die Zwei-Tages-Karte (Billet du Tourisme) ist auch für diese Linie gültig; man kann damit beliebig oft ein- und umsteigen.
Vier Bootsunternehmen bieten Fahrten auf der Seine an: Bateaux-Mouches (Pont de l'Alma, 8. Arr.), Bateaux Vedettes du Pont Neuf (Pont Neuf, 6. Arr.), Bateaux Parisiens Tour Eiffel (Pont d'Iéna, 7. Arr.), Bateau Vedettes de Paris (Port Suffren am Eiffelturm). Eine Variante dazu ist der ›Batobus‹, ein regulärer Bootsservice mit Haltestellen zwischen Notre-Dame und dem Eiffelturm (Mai bis Ende Sept.).

Theater

Die Pariser Theater- und Opernsaison dauert von Oktober bis Juni und wird von einer Fülle von Festivals bereichert, die sich von April bis Dezember hinziehen.
Neben den großen, staatlich subventionierten Bühnen (Comédie Française, Théâtre de la Ville, Théâtre de Chaillot, Opéra de la Bastille, Opéra de Garnier) gibt es unzählige Boulevard-Theater und viele kleine Café-Theater, wo teils Kabarett, teils Chansons geboten werden (ohne Französisch-Kenntnisse nicht zu empfehlen).
Karten für die großen Bühnen kann man schriftlich vorbestellen oder in den jeweiligen Theatern eine Woche vorher direkt reservieren. Ein letzter Ausweg ist der Kiosque Théâtre (Place Madeleine 15), an dem es (meist) verbilligte Karten für den Abend desselben Tages gibt.

Unterkunft

Ostern, Pfingsten, Himmelfahrt und während der Herbstmessen sind oft buchstäblich alle 100 000 Betten der Seine-Metropole belegt. Dann sollte man sich (über das Verkehrsamt, siehe ›Adressen‹) an eine der verschiedenen Reservierungszentralen wenden. Wenn alle Stricke reißen, kann man auf Hotel-Residenzen zurückgreifen oder privat unterkommen (Adressenlisten beim Verkehrsamt).
Junge Leute informiert die Broschüre ›Junge Leute in Paris‹, kostenlos erhältlich beim Verkehrsamt in Frankfurt und Paris (siehe Adressen).

Zeichenerklärung Stadtplan

Verkehr

- Autobahn (A15)
- Schnellverkehrsstraße
- Nationalstraße (184)
- Hauptstraßen
- Sonstige Straßen
- Fußgängerzone
- Eisenbahn mit Bahnhof
- Sonstige Bahn
- U-Bahn (M)
- Einbahnstraße

Sonstiges

- Bebauung
- Öffentliches Gebäude
- Wald, Park
- Sehenswerte Kirche – Kirche
- Denkmal – Jugendherberge
- Parkplatz (P)
- Hotel – Krankenhaus (H)
- Polizei – Post
- Wo-gibt-es-was?-Hinweis

Zeichenerklärung Autoatlas

Verkehr

- Autobahn
- Tankstelle – Rasthaus – Motel
- Vierspurige Straße
- Nationalstraße (184)
- Hauptstraße
- Nebenstraße
- Hauptbahn mit Bahnhof
- Kilometrierung an Autobahnen (30 75 45)
- Kilometrierung an übrigen Straßen (30 75 45)
- Landschaftlich schöne Strecke
- Flughafen – Flugplatz – Segelfluggelände

Sehenswürdigkeiten

- Besonders sehenswerter Ort (PARIS)
- Sehenswerter Ort (CHANTILLY)
- Sehenswertes Bauwerk (*Château*)
- Aussichtspunkt
- Burg, Schloß – Ruine – Denkmal
- Kloster – Kirche – Kapelle
- Turm – Funk- oder Fernsehturm

Sonstiges

- Jugendherberge – Motel
- Campingplatz ganzjährig – nur im Sommer
- Departementsgrenze
- Wald
- Wo-gibt-es-was?-Hinweis

Register

(Fettgedruckte Ziffern verweisen auf den Autoatlas)

Lieferbare Ausgaben

23 Odenwald und Spessart
25 Bergisches Land
27 Venedig und Venetien
32 Kopenhagen
33 Kärnten
35 Toskana – Florenz
36 Niederbayern – Hallertau
38 Bornholm
39 Tirol – Innsbruck
40 Flandern – Antwerpen, Brügge, Gent
41 Trier
44 Kraichgau und Nördlicher Schwarzwald
45 Jütland
46 Hohenloher Land
47 Vorarlberg
51 Osnabrücker Land
53 Tessin
54 Wien*
55 Mittlerer Schwarzwald
57 Emilia-Romagna – Vom Apennin zur Adriaküste
58 Holstein – Herzogtum Lauenburg
59 Provence
60 München*
61 Teneriffa, Gran Canaria, La Palma, Gomera, Hierro, Fuerteventura, Lanzarote
62 Luxemburg
63 Hessisches Bergland
64 Fichtelgebirge – Frankenwald, Coburger Land
65 Frankfurt
66 Steiermark – Graz
67 Côte d'Azur – Monaco
68 Dänische Inseln – Seeland, Fünen, Lolland, Langeland, Falster
69 Nord- und Ostsee – Nordfriesland, Schleswiger Land
70 Bodensee – Oberschwaben
71 Stuttgart und das Neckarland
72 Zentral- und Ostschweiz – Zürich, Luzern, St. Gallen
73 Hannover – Braunschweiger Land
74 Italienische Riviera – Genua
75 Altmühltal
76 Chiemgau – Berchtesgadener Land
77 Emsland – Grafschaft Bentheim
78 Sachsen
79 London
81 Griechische Inseln: Kreta
82 Teutoburger Wald – Ostwestfalen
83 Costa del Sol – Andalusien
84 Oberbayern zwischen Lech und Inn
85 Korsika
86 Bayerischer Wald
88 Schwäbische Alb
89 Südtirol
90 Hunsrück – Naheland · Rheinhessen
91 Paris
92 Sizilien
93 Allgäu
94 Thüringen
95 Oberpfalz – Regensburg
96 Barcelona
97 Ostfriesland – Oldenburger Land
98 Westerwald – Taunus, Rheingau
99 Mecklenburg-Vorpommern
100 Salzburger Land – Salzburg
101 Lüneburger Heide
102 Die Loire
103 Köln
104 Rhodos – Dodekanes
105 Rom
106 Südnorwegen – Fjordland
107 Berlin
108 Bayerisch Schwaben – Augsburg · Nördlingen
109 Costa Brava – Katalonien
110 Sauerland
111 Brandenburg
112 Die Pfalz
113 Elsaß
114 Sachsen-Anhalt
115 Graubünden
116 Düsseldorf
117 Mallorca – Menorca · Ibiza · Formentera
118 Südschweden – Stockholm
119 Münsterland – Münster
120 Prag
121 Eifel – Aachen
122 Bretagne
123 Weserbergland
124 Südengland
125 Fränkische Schweiz
126 Gardasee – Trentino
127 Rhön
128 Malta
129 Harz
130 Algarve – Lissabon
131 Hamburg*
132 Normandie
133 Elbe und Weser – Nordseeküste
134 Madrid
135 Die Mosel
136 Sardinien
137 Mainfranken – Steigerwald · Haßberge
138 Budapest
139 Südschwarzwald
140 Griechische Inseln: Kykladen
141 Thüringer Wald
142 Oberitalienische Seen – Lombardei · Mailand
143 Odenwald – Kraichgau · Bergstraße
144 Schottland

* auch als englische Ausgabe erhältlich

Impressum

1. Auflage 1990
2., überarbeitete Auflage 1995

Verlag:
HB Verlags- und Vertriebs-Gesellschaft mbH, Alsterufer 4, 20354 Hamburg, Postfach 300660, 20347 Hamburg, Telefon 040/4151-04, Telefax 040/4151-3231
Geschäftsführer:
Kurt Bortz, Dr. Joachim Dreyer, Eike Schmidt

Redaktion und Produktion:
Harksheider Verlagsgesellschaft mbH, Fabersweg 1, 22848 Norderstedt, Postfach 5249, 22822 Norderstedt, Telefon 040/528862-0, Telefax 040/5234056
Redaktion:
Ulrike Klugmann (verantwortlich), Horst Keppler, Ekkehard Briese, Sonja Sayed
Text und Bildrecherche:
Katia Hassenkamp-Ehrmann, Paris
Exklusiv-Fotografie:
Wilkin Spitta, Loham
Zusätzliches Fotomaterial:
Katia Hassenkamp-Ehrmann, Paris (3)
Charles-Pierre Remy, Paris (6)
Layout:
Rolf Bünermann, Gütersloh
Kartografie:
Geo Data Geographische Datenbanken GmbH & Co. KG, Stuttgart

HB-Bildatlas Fotoservice:
Harksheider Verlagsgesellschaft mbH, Postfach 5249, 22822 Norderstedt, Telefon 040/528862-22, Telefax 040/5234056

Erscheinungsweise: monatlich

Anzeigenalleinverkauf:
KV Kommunalverlag GmbH, Postfach 810565, 81905 München, Telefon 089/928096-24, Telefax 089/928096-20
Vertrieb Zeitschriftenhandel:
Partner Presse Vertrieb GmbH, Postfach 810420, 70521 Stuttgart, Telefon 0711/7252-210, Telefax 0711/7252-375
Vertrieb Abonnement und Einzelhefte:
Zenit Pressevertrieb GmbH, Postfach 810640, 70523 Stuttgart, Telefon 0711/7252-198, Telefax 0711/7252-333
Vertrieb Buchhandel:
Mairs Geographischer Verlag, Marco-Polo-Zentrum, 73760 Ostfildern, Telefon 0711/4502-0, Telefax 0711/4502-340

Satz:
Utesch Satztechnik GmbH, Hamburg
Reproduktionen:
Otterbach Repro GmbH & Co., Rastatt
Druck und buchbinderische Verarbeitung:
VOD Vereinigte Offsetdruckereien, Druckhaus Würzburg, Berner Straße 2, 97084 Würzburg
Printed in Germany
Gedruckt auf chlorfrei gebleichtem Papier

ISBN 3-616-06091-5

Titel:
Der Arc de Triomphe

So beginnen die Sc